中国电子信息工程科技发展研究

量子器件及其物理基础专题

中国信息与电子工程科技发展战略研究中心

科学出版社

北京

内 容 简 介

本书系统地介绍了基于量子效应设计和制作的量子器件，及其所遵循的物理规律。内容基本涵盖了典型的量子器件，主要包括：量子力学、固体能带论、低维结构等基础知识，基于量子效应的晶体管、隧穿器件和自旋电子器件等量子器件，各种量子结构的半导体激光器和光电探测器，量子传感协议、量子测量和典型量子传感器，以及各类量子计算器件等。

本书可作为非专业读者学习量子器件概念的读本、高校学生和研究生相关专业的入门教材，以及专业工作者比较全面和系统了解量子器件的参考资料。

图书在版编目（CIP）数据

中国电子信息工程科技发展研究. 量子器件及其物理基础专题/中国信息与电子工程科技发展战略研究中心编著. —北京：科学出版社，2022.4
　ISBN 978-7-03-072009-2

　Ⅰ. ①中⋯　Ⅱ. ①中⋯　Ⅲ. ①电子信息-信息工程-科技发展-研究-中国②半导体器件-科技发展-研究-中国　Ⅳ. ①G203②TN389

中国版本图书馆 CIP 数据核字（2022）第 052757 号

责任编辑：赵艳春 / 责任校对：胡小洁
责任印制：吴兆东 / 封面设计：迷底书装

科学出版社 出版
北京东黄城根北街 16 号
邮政编码：100717
http://www.sciencep.com

北京虎彩文化传播有限公司 印刷
科学出版社发行　各地新华书店经销

*

2022 年 4 月第 一 版　开本：890×1240 A5
2022 年 4 月第一次印刷　印张：7 3/8
字数：160 000
定价：99.00 元
（如有印装质量问题，我社负责调换）

《中国电子信息工程科技发展研究》指导组

组长：
　　陈左宁　　卢锡城

成员：
　　李天初　　段宝岩　　赵沁平　　柴天佑
　　陈　杰　　陈志杰　　丁文华　　费爱国
　　姜会林　　刘泽金　　谭久彬　　吴曼青
　　余少华　　张广军

国家高端智库

中国信息与电子工程科技发展战略研究中心

CHINA ELECTRONICS AND INFORMATION STRATEGIES

中国信息与电子工程科技发展战略研究中心简介

中国工程院是中国工程科学技术界的最高荣誉性、咨询性学术机构，是首批国家高端智库试点建设单位，致力于研究国家经济社会发展和工程科技发展中的重大战略问题，建设在工程科技领域对国家战略决策具有重要影响力的科技智库。当今世界，以数字化、网络化、智能化为特征的信息化浪潮方兴未艾，信息技术日新月异，全面融入社会生产生活，深刻改变着全球经济格局、政治格局、安全格局，信息与电子工程科技已成为全球创新最活跃、应用最广泛、辐射带动作用最大的科技领域之一。为做好电子信息领域工程科技类发展战略研究工作，创新体制机制，整合优势资源，中国工程院、中央网信办、工业和信息化部、中国电子科技集团加强合作，于2015年11月联合成立了中国信息与电子工程科技发展战略研究中心。

中国信息与电子工程科技发展战略研究中心秉持高层次、开放式、前瞻性的发展导向，围绕电子信息工程科技发展中的全局性、综合性、战略性重要热点课题开展理论研究、应用研究与政策咨询工作，充分发挥中国工程院院士，国家部委、企事业单位和大学院所中各层面专家学者的智力优势，努力在信息与电子工程科技领域建设一流的战略思想库，为国家有关决策提供科学、前瞻和及时的建议。

《中国电子信息工程科技发展研究》
编写说明

当今世界，以数字化、网络化、智能化为特征的信息化浪潮方兴未艾，信息技术日新月异，全面融入社会经济生活，深刻改变着全球经济格局、政治格局、安全格局。电子信息工程科技作为全球创新最活跃、应用最广泛、辐射带动作用最大的科技领域之一，不仅是全球技术创新的竞争高地，也是世界各主要国家推动经济发展、谋求国家竞争优势的重要战略方向。电子信息工程科技是典型的"使能技术"，几乎是所有其他领域技术发展的重要支撑，电子信息工程科技与生物技术、新能源技术、新材料技术等交叉融合，有望引发新一轮科技革命和产业变革，给人类社会发展带来新的机遇。电子信息工程科技作为最直接、最现实的工具之一，直接将科学发现、技术创新与产业发展紧密结合，极大地加速了科学技术发展的进程，成为改变世界的重要力量。电子信息工程科技也是新中国成立 70 年来特别是改革开放 40 年来，中国经济社会快速发展的重要驱动力。在可预见的未来，电子信息工程科技的进步和创新仍将是推动人类社会发展的最重要的引擎之一。

把握世界科技发展大势，围绕科技创新发展全局和长远问题，及时为国家决策提供科学、前瞻性建议，履行好国家高端智库职能，是中国工程院的一项重要任务。为此，中国工程院信息与电子工程学部决定组织编撰《中国电子信息工程科技发展研究》(以下简称"蓝皮书")。2015年底至2018年6月，编撰工作由邬江兴、吴曼青院士负责。2018年9月至今，由余少华、陆军院士负责。"蓝皮书"分综合篇和专题篇，分期出版。学部组织院士并动员各方面专家300余人参与编撰工作。"蓝皮书"编撰宗旨是：分析研究电子信息领域年度科技发展情况，综合阐述国内外年度电子信息领域重要突破及标志性成果，为我国科技人员准确把握电子信息领域发展趋势提供参考，为我国制定电子信息科技发展战略提供支撑。

"蓝皮书"编撰指导原则如下：

(1) 写好年度增量。电子信息工程科技涉及范围宽、发展速度快，综合篇立足"写好年度增量"，即写好新进展、新特点、新趋势。

(2) 精选热点亮点。我国科技发展水平正处于"跟跑""并跑""领跑"的三"跑"并存阶段。专题篇力求反映我国该领域发展特点，不片面求全，把关注重点放在发展中的"热点"和"亮点"问题。

(3) 综合与专题结合。"蓝皮书"分"综合"和"专题"两部分。综合部分较宏观地介绍电子信息科技相关领域全球发展态势、我国发展现状和未来展望；专题部分则分别介绍13个子领域的热点亮点方向。

5大类和13个子领域如上图所示。13个子领域的颗粒度不尽相同，但各子领域的技术点相关性强，也能较好地与学部专业分组对应。

```
┌─────────────────────────────────────────────┐
│              应用系统                        │
│       8.水声    13.计算机应用                │
└─────────────────────────────────────────────┘

┌───────────┐  ┌───────────────────┐  ┌─────────────┐
│ 获取感知  │  │    计算与控制     │  │ 网络与安全  │
│           │  │                   │  │             │
│ 3.感知    │  │ 10.控制           │  │ 6.网络与通信│
│ 5.电磁空间│  │ 11.认知           │  │ 7.网络安全  │
│           │  │ 12.计算机系统与软件│  │             │
└───────────┘  └───────────────────┘  └─────────────┘

┌─────────────────────────────────────────────────────────┐
│                      共性基础                           │
│ 1.微电子光电子 2.光学工程 4.测试计量与仪器 9.电磁场与电磁环境效应 │
└─────────────────────────────────────────────────────────┘
```

子领域归类图

编撰"蓝皮书"仍在尝试阶段，难免存在一些疏漏，敬请批评指正。

中国信息与电子工程科技发展战略研究中心

前　言

　　量子器件是基于量子效应设计和制作的器件。按其功能和作用，我们把它分为量子电子器件、量子光电子器件(含量子通信器件)、量子传感器件以及量子计算器件。量子器件的广泛应用，改变了我们现在的信息社会，也将改变人们的生活方式。

　　如高迁移率晶体管(HEMT)和异质结双极型晶体管(HBT)都是具有不同能带带隙的半导体材料结合制备的晶体管，具有高速和高频性能，它们已广泛用于现代的高速电路、射频系统、移动电话、通信和卫星广播中。

　　又如低维半导体量子材料制备的激光器和光电探测器是光纤通信的基础器件，世界经由激光器和光电探测器通过跨洋的海底光纤联为一体，造就了地球村时代的到来，也促进了互联网、通信网、高清晰度闭路电视网等的高速发展。

　　半导体激光器已成为工业加工、医疗行业、印刷行业、无人驾驶、智能机器人等领域不可替代的基础器件。

　　量子磁强计可以测定微弱磁场的强度，能用于矿藏勘探、潜艇探测、沉没的船只搜寻，也可用于导弹、人造地球卫星，以及深空探测等。

　　量子器件的研究可以追溯到 20 世纪中叶，威廉·肖克莱(W. Shockley)1951年就开始研究典型的量子异质结双极型晶体管，这种晶体管就是典型的量子电子器件，他和另外两位科学家因发明点接触晶体管而获得1956年诺贝尔物理学奖。随着砷化镓的外延生长技术的成熟，自19世纪70年代中期以来，这种晶体管得到了快速发展，目前已经非常成熟，工作频率可达数百GHz，是现代高速电路、射频系统和移动电话的基础器件。

早在1957年，日本科学家江崎岭于奈在研制高频晶体管时，意外地发现高掺杂窄PN结的正向伏安特性中，存在着"异常的"负阻现象，电流随着电压的升高而减小。他通过分析认为，这种负阻特性是由于电子空穴直接穿透结区而形成，并于1958年发表了关于"隧道二极管"的论文。1973年江崎因发现半导体中的隧道效应并发明隧道二极管，与发现超导体隧道结库柏对电子隧穿效应的美国科学家贾埃沃因、创立超导电流通过势垒的约瑟夫森效应的英国科学家约瑟夫森共同获得诺贝尔物理学奖。这也是第一个颁发给量子电子器件的诺贝尔奖。世界上第一台半导体激光器也早在1962年就被美国科学家发明，自那以来半导体激光器发生了巨大的变化，尤其是世界上第一只半导体量子阱激光器(QWL)在1978年面世后，基于半导体激光器和探测器的光纤通信技术成为现代信息社会的基石之一。

虽然量子器件已经默默地为人类服务了半个来世纪，但量子器件的知识一直未被大众关注，也没有多少人了解舒适便捷的信息社会背后的量子器件。但最近几年由于量子通信和量子计算热潮的涌动，形势发生了根本的变化，量子已经走入寻常百姓家。

"墨子号"卫星 2016 年在中国戈壁滩上发射成功后，这颗首次用于试验量子密钥分发的卫星被各类媒体广泛报道，迅速掀起了全民普及的量子热潮。加州理工学院理论物理学家约翰·普雷斯基尔(John Preskill)在 2011 年的一次演讲中提出"量子霸权"的概念。谷歌公司 2019 年在《自然》杂志发了一篇论文，发布了一款 54 量子比特数(53 量子位有效)的超导量子计算机"悬铃木"(Sycamore)，宣称率先实现了"量子霸权"。 2020 年 12 月 4 日，中国科学技术大学宣布该校潘建伟等人成功构建 76 个光子的量子计算原型机"九章"，《科学》杂志当天发表了该项成果。各国在该领域你追我赶的竞赛过程中，不同方案的量子计算科研成果突破被科学杂志和新媒体广泛宣传报道。

应工程院余少华院士的邀请，并回应大众和专业人员的需求，我们几位本领域的从业专家一起编写这本《量子器件及其物理基础专题》,本书从量子器件的物理基础知识到典型的量子器件做一个比较全面的介绍。

本书第 1 章 "量子器件的物理基础"由中科院苏州纳米所张耀辉研究员，第 2 章 "量子电子器件"由南京大学施毅教授，第 3 章 "量子光电子器件"由中科院半导体所杨富华研究员、余金中研究员，第 4 章 "量子传感器件"由中科院上海技物所戴宁研究员，第 5 章 "量子计算器件"由中科院上海微系统所林志荣研究员分别撰写，中科院半导体所祝素娜女士负责协调工作并写了后记，中科院上海高研院封松林研究员负责全书的策划、统稿、前言和组织工作。

　　由于篇幅的限制,作者们只在本书中介绍了一些典型的量子器件,随着人们对自然世界认识的不断深入和信息通信技术的持续发展,新原理、新结构的量子器件将不断涌现,后续我们将会根据业界需求和大众的兴趣把更多的发展动态介绍给读者。

目　　录

《中国电子信息工程科技发展研究》编写说明
前言
第1章　量子器件的物理基础……………………………… 1
  1.1　量子力学基础……………………………………… 2
  1.2　固体能带论………………………………………… 11
  1.3　光子晶体的物理基础……………………………… 25
  1.4　半导体异质结、量子阱和低维系统……………… 30
  1.5　二维电子系统的量子霍尔效应…………………… 46
  1.6　半导体超晶格的负微分电导效应及自发
      混沌振荡…………………………………………… 51
  1.7　玻色-爱因斯坦凝聚和宏观量子现象……………… 57
  参考文献………………………………………………… 62

第2章　量子电子器件……………………………………… 64
  2.1　高迁移率晶体管(HEMT)………………………… 64
  2.2　异质结双极晶体管(HBT)………………………… 69
  2.3　量子隧穿器件……………………………………… 73
  2.4　自旋电子器件……………………………………… 79
  2.5　超导隧道结器件…………………………………… 84
  参考文献………………………………………………… 90

第3章　量子光电子器件…………………………………… 92
  3.1　半导体激光器的工作原理………………………… 93
  3.2　半导体激光器的基本结构………………………… 96

3.3 半导体激光器的特性 ································ 101
3.4 量子阱激光器 ····································· 108
3.5 DFB 激光器、DBR 激光器和 VCSEL
    激光器 ·· 110
3.6 新型半导体激光器 ································ 115
3.7 半导体光电探测器工作原理 ····················· 121
3.8 半导体探测器结构 ································ 127
3.9 半导体光电探测器的性能 ························ 131
3.10 多量子阱、二类超晶格红外探测器
     和单光子探测 ···································· 138
参考文献 ··· 143

第 4 章　量子传感器件 ································ 145
4.1 量子传感器物理基础 ····························· 145
4.2 传感过程的量子力学描述 ························ 150
4.3 量子传感协议 ····································· 154
4.4 量子传感器的灵敏度和 Ramsey 测量、Rabi
    测量 ··· 158
4.5 几种量子传感器 ·································· 163
参考文献 ··· 174

第 5 章　量子计算器件 ································ 177
5.1 量子计算的物理基础 ····························· 178
5.2 超导量子计算器件 ································ 182
5.3 半导体量子计算器件 ····························· 187
5.4 光子量子计算器件 ································ 192
5.5 离子阱量子计算器件 ····························· 199
5.6 中性原子量子计算 ································ 205

5.7　其他量子计算器件 …………………………… 209
参考文献 ……………………………………………211
第 6 章　总结和致谢 …………………………………… 214
后记 ……………………………………………………… 216

第1章 量子器件的物理基础

19世纪末，英国著名物理学家汤姆孙总结了物理学所取得的成就，他说，物理学的大厦已经完美地建立起来了，但是晴朗的天空飘着两朵乌云，一朵是以太漂移，另一朵是黑体辐射的紫外灾难。汤姆孙勋爵一语中的，恰恰是这两朵乌云在20世纪初催生了现代物理学的两大支柱，以太漂移催生了相对论，黑体辐射的紫外灾难催生了量子论，进而发展出来对人类社会发展和我们日常生活影响巨大的量子力学[1]。相比较于经典力学，相对论对人们看待时空带来了重大的改变。可是量子力学对于经典力学的革命性改变远远超过了相对论，比如经典力学和我们日常生活中习以为常的因果律、测量、轨迹等概念，都被如测不准关系、几率波、量子态等全新的概念所改变。量子力学无论是在物理理论发展方面，还是在实际技术应用方面，都取得了很大的成功。量子力学的所有结论都经受住了实验的验证，量子力学在原子分子物理、原子核物理、粒子物理、光学、凝聚态物理、化学、生物等领域都得到了广泛的应用。诺贝尔物理学奖很多颁给与量子论或者量子力学相关的成就。量子力学是晶体管和激光器的理论基础之一，晶体管和激光器的发明催生了个人计算机、手机、互联网、移动通信和光纤通信等信息技术，造就了我们现在所处的信息时代。

可是，由于量子力学的基本概念实在与人们对物理世界的感知完全不同，与千百年来人们对物理世界的认识所建立起来的常识相违背，人们很难理解和接受量子力学，一些重要的概念在很长一段时间里都存在着较大的争议。费曼这样的天才物理学家都自认为不懂量子力学。但是，随着技术的进步，实验能力的大幅度提高，更加进一步验证了量子力学的正确性。

本章是为读者对量子器件的理解提供一个初步的、概念性的量子力学基础。对于以先进半导体工艺制备出来的量子器件，读者掌握初等非相对论量子力学的一些基础知识及其在固体中的应用，就能够对量子器件的工作原理建立起基本的认识，有助于人们在科技政策制定、投资决策等提供必要的初步知识准备和常识。

我在这里提醒读者，看明白本章的内容基本上不需要数学基础知识，只需要读者清空自己的脑袋，不要去纠缠本章所叙述概念的背景，不要与我们周边的认知和常识相比较，建议以看科幻小说的方式和心态(需要说明的是，内容绝不是科幻小说，而是实实在在的物理学，当然，这个认知等看完了本章内容再回味效果会更好)，轻松地阅读下去，就能欣赏量子力学的奥妙，掌握本章知识。

1.1 量子力学基础

量子器件里扮演主角的是电子，电子的质量只有 9.1×10^{-31}kg，经典电子半径 2.8×10^{-15}m，是典型的微观粒子，电子的运动行为与我们所看到的宏观物体的运动完全不同。1924 年法国物理学家德布罗意在他的博士论文中，根据光子的波粒二象性，提出了像电子这样的微观粒子也应该像光子一样具有波粒二象性，微观粒子的这种波动特性，称为物质波，也叫德布罗意波。德布罗意根据光波长与普朗克常数的关系，推导出微观粒子的物质波长公式为

$$\lambda = \frac{h}{p} \tag{1.1}$$

其中，λ 为物质波长，h 为普朗克常数，p 为粒子的动量。

人们会好奇地认为，光的波动性早在1807年就被杨氏双缝干涉实验所验证[2]，为啥微观粒子的波动性一直没有人注意。关键就在于波长的差别太大。对于能量为1eV的光子，光的波长为1.24μm，在两百年前显微镜技术的进步，人们能够测量微米尺度的物理量，验证波长为微米级的光波动性不足为奇。但是，对于能量为1eV的电子，电子的动量和能量已经非常小了。请注意，电子的物质波长与动量成反比，能量越小、动量也就小，相应的物质波长就应该越长。1eV的电子物质波长是 1.24×10^{-9}m，即1.24nm，为同等能量光子波长的千分之一。100年前，人们没有办法直接测量纳米尺度的物理量，物质波概念就只有靠天才的德布罗意大胆地猜出来了。人们当时对德布罗意关于物质波的大胆猜想很难接受，他的导师法国著名物理学家郎之万教授只好把他的论文寄给爱因斯坦评判。爱因斯坦对此大加称赞，德布罗意才拿到博士学位。

采用类似于杨氏双缝干涉来直接验证电子的波动性在当时是不可行的。好在劳厄早在1912年成功地观测到了X射线照射晶体出现的衍射现象，这个实验发现是科学发现史上著名的一箭双雕，既发现了X射线也是一种波，又发现了晶体的周期性点阵结构。对X射线而言，晶体实际上

就是一个三维光栅，而且是名副其实的纳米级或者亚纳米级光栅。德布罗意提出物质波概念以后，美国贝尔实验室的戴维森和革末于 1926 年就观测到了电子束照射到晶体上出现的衍射现象，验证了电子的波动性。

这时候，物理学家立即提出来了两个问题：第一，物质波到底是一种什么样的波，是横波还是纵波；第二，物质波需要有波动方程。把这两个问题回答好了就把量子力学的基础搭建好了。量子力学本质上就是物质波的波动力学。有意思的是两位年轻的物理学家在 1926 年首先回答好了第二个问题，分别是来自奥地利的薛定谔提出来的薛定谔方程，来自德国的海森堡提出的矩阵力学，随后英国年轻的物理学家狄拉克证明了二者是等价的。海森堡的矩阵力学和薛定谔方程经常被交替使用。薛定谔方程处理低速的微观粒子运动很有成效，称之为非相对论量子力学的波动方程。狄拉克紧接着提出了相对论量子力学的波动方程，能够解释电子自旋量子数，也预测到了正电子的存在，称为狄拉克方程。20 多年后，天才的物理学家费曼又提出来了量子力学的另一种描述方式，称为路径积分，在量子电动力学里和粒子物理得到了广泛的应用。下面简要介绍在量子器件里非常有用的薛定谔方程[3]：

$$i\hbar \frac{\partial \psi}{\partial t} = \left[-\frac{\hbar^2}{2m}\left(\frac{\partial^2}{\partial x^2} + \frac{\partial^2}{\partial y^2} + \frac{\partial^2}{\partial z^2} \right) + V(x,y,z,t) \right]\psi \quad (1.2)$$

这是一个复二阶偏微分方程，ψ 是复数，称为波函数，这是物理学家第一次把复数真正赋予了物理含义，人们过去也使用复数，那都是为了数学处理的方便。$V(r, t)$ 是粒子所处的势场，是空间坐标 r 和时间坐标 t 的函数，不同的量子力学问题实际上就是势场 $V(r,t)$ 的不同。此方程是薛定谔在经典力学的哈密顿描述中最小作用量原理基础上猜出来的，方程是否正确需要靠实验来检验，这是理论物理学与纯粹数学的区别，数学定理要靠逻辑推理来检验。

薛定谔方程最先用来求解氢原子问题，获得了巨大的成功，能够圆满地解释当时氢原子的所有光谱测量实验结果，因而人们很快就接受薛定谔方程。氢原子是一个带负电荷的电子围绕着带正电荷的质子运动，是一个典型的二体问题，势场是库伦势，求解相对容易。当时对氢原子光谱特性的实验研究非常充分，波尔提出来的电子围绕质子运动的轨道量子化能够解释氢原子的光谱实验数据，但是，波尔的理论是生硬假设，猜测出来的结论。薛定谔方程从电子的波动性出发很自然地解释了氢原子的光谱实验。

回过头来看薛定谔方程里的 ψ，是空间坐标 r 和时间坐标 t 的函数，称为波函数。波函数 $\psi(r,t)$ 到底是啥，薛定谔自己也说不清，而且一辈子他都认为别人也没有说清楚。其实，把波函数 $\psi(r,t)$ 说清楚了，就回答了前面提到的物质波到底是什么的问题。薛定谔对广泛被人接受的几率波解释也不赞成，他提出来了著名的"薛定谔的猫"，到底是死猫是活猫还是不死不活的猫来诘难物质波的概率解释。对波函数 $\psi(r,t)$ 和物质波本质的解释面临逻辑上的矛盾，首先 $\psi(r,t)$ 是一个复变量函数，我们知道复数是无法测量的，我们能够测量到的物理量一定是一个实实在在的存在，一定是一个实变量。另一个原因是，粒子是局域的，在空间总是存在一定的范围，但是，波是非局域的，在空间是扩展的。因为即使电子的德布罗意波长只有 1nm，也比电子的直径大约 6 个数量级。1926 年，德国犹太裔物理学家波恩对波函数提出了著名的统计诠释，把微观粒子的波粒二象性的逻辑矛盾解决了。波恩认为物质波本质上是一种几率波，波函数 $\psi(r,t)$ 被称为几率波幅，粒子波动的空间非局域特性是以 $\psi^*(r,t)\psi(r,t)$ 的几率大小出现在扩展的空间和时间里来表现，$\psi^*(r,t)$ 是波函数的复共轭。可以简单地认为：粒子出现在空间某一位置的时刻，粒子是局域的，占有的空间还是取决于它的直径大小，但是，粒子出现在空间这一位置是不确定的，以一定大小的几率出现。$\psi(r,t)$ 是复变量函数不可测量，但是 $\psi^*(r,t)\psi(r,t)$ 是几率密度分布，是可以测量的。

$$\iiint_{-\infty}^{+\infty} \psi^*(r,t)\psi(r,t) \mathrm{d}x\mathrm{d}y\mathrm{d}z = 1 \tag{1.3}$$

波函数 $\psi(r,t)$ 通过这个空间积分进行归一化，说明在非局域的空间里总能够找到一个粒子，而且也只能够找到一个粒子。$\psi^*(r,t)\psi(r,t)$ 等同为几率密度分布函数 $\rho(r,t)$。请大家注意，粒子的运动既是不确定性的，又是确定性的。粒子是以几率形式出现在空间和时间里，这是不确定的；另一方面，决定粒子出现在时空的几率幅即波函数，却由薛定谔方程唯一确定。薛定谔方程是二阶线性偏微分方程，只要给定了初始条件和边界条件，解是存在并且唯一的。因为薛定谔方程不是非线性的，无法推导出混沌解，即出现量子混沌是有争议的[4]，有兴趣的读者可以进一步去读这方面的文章。

波函数统计诠释是量子力学的支柱之一，自提出之日起，就引起了巨大的争议。粒子的运动状态的描述没有了位移、速度、加速度、轨迹等经典力学里的概念，而是由波函数来决定粒子的运动状态。这对人们的认知是颠覆性的。爱因斯坦是波函数统计诠释的坚定反对者，说出了著名的"上帝掷骰子论"来嘲笑几率波概念。波恩直到1954年才获得诺贝尔物理学奖，比他的学生海森堡和狄拉克都晚了近20年。可是，到现在为止，所有的实验都证明了波函数统计诠释是正确的。

薛定谔方程是二阶复数线性偏微分方程，对势场为$V(r, t)$的薛定谔方程求解，会出现一系列本征值，一个本征值对应相应的波函数。氢原子问题就可以得出一系列本征值，对应于氢原子的能级，这就是波尔解释氢原子分立光谱时提出来的能级，也就是所谓的量子本征态。一个量子本征态对应一个本征波函数。

我们回到自由空间，看看自由空间的物质波，也就是薛定谔方程里的势场项 $V(r, t)$ 为零，波矢 k 为量子本征态，对应的本征波函数与光波和其他如声波的平面波表述完全一样，除了振幅不同以外。能量与波矢的关系称为色散关系，$E(k)=\dfrac{(\hbar k)^2}{2m}$，自动导出来德布罗意物质波长公式。在自由空间里，物质波会无限扩展，对应的量子本征态波矢 k 的取值会是连续的。经典物理的所有物理量都是连续变化取值的，真正的量子力学的物理量应该是分立取值，这是量子力学与经典力学的关键区别。这里给出一个简单的估算，即使最轻的微观粒子电子的德布罗意波长都只有1nm，超过几十纳米尺度的空间就是所谓的扩展自由空间，就观测不到量子力学效应了。量子器件的物质基础就纳米级的加工制造技术,纳米级技术节点的半导体集成电路制造技术发展到今天,为量子器件的发展奠定了坚实的物质基础。

下面我们来探讨几个最简单也是最有用的量子力学问题,对理解量子器件非常有帮助。第一个是无限深的势阱,势阱的宽度会与粒子的德布罗意物质波长相比拟。如图1.1(a)所示,本征量子态就是分立的能级,对应的波函数分布都完全限制在势阱里,这就是量子限制效应(quantum confinement effects),也有人称之为量子尺寸效应(quantum size effects)。但是,在物理世界里无限深势阱是不存在的,只存在有限深势阱,如图1.1(b)所示。在有限深势阱里,仍然发生量子限制效应,本征量子态是分立的,不同能级的波函数的形状与无限深势阱还是相似的,但是,波函数会渗透进入势垒区域,呈指数递减的趋势,这是量子力学与经典力学的另一个重要区别。经典力学里,能量低于势垒的粒子不可能进入到势垒里去。如果有限高势垒的宽度有限,势垒的另一边是没有限制的区域,如图1.1(c)所示,有限深势阱里的波函数会穿透势阱进入扩展区域,形成自由的物质波,这就是鼎鼎有名的量子隧道效应。人们最早用量子隧道效应成功地解释了放射性原子核中的α衰变现象。量子隧道效应也是设计固态量子器件时的基本手段之一[5]。

量子力学里还有其他很多新奇的现象,比如,把两个相同的有限深势阱靠近,当势垒宽度变得很窄,两个势阱渗透到势垒里的波函数会发生交叠,这时候我们不能简单

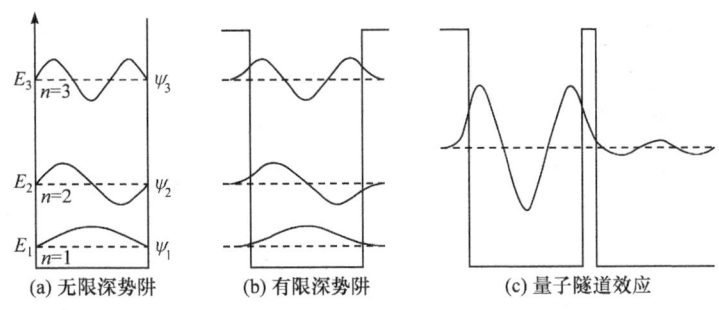

(a) 无限深势阱　　(b) 有限深势阱　　(c) 量子隧道效应

图 1.1　粒子在势垒中的能级、波函数以及量子隧道效应

地认为这两个波函数就是发生简单的叠加了，而是会发生所谓的量子态的耦合，如图 1.2(a)所示，这时，我们不能把这两个势阱独立来看待了，而应该是一个整体的量子力学系统了。两个势阱里本来对应的相同的能级就不同了，能级就发生了分裂。因为两个耦合的势阱必须视为一个整体的量子力学系统，我们无法区分分裂的能级到底对应哪一个势阱了。能级分裂的大小取决于两个势阱对应能级的波函数耦合程度，与相邻势垒的高度和宽度有关，也与势阱宽度有关。如果把三个相同的势阱靠近，两两相邻的势垒宽度和高度都相同，相应地，我们必须把这个三个互相耦合的势阱视为一个整体的量子力学系统。三个势阱里对应的能级会分立裂成三个不同的能级。很有意思的是，在一级近似下，总的分裂大小(最高的分裂能级与最低的分裂能级之差)与两个势阱耦合时的能级分裂大小相等，如图 1.2(b)所示，同样的，我们无法区分这三个分裂能级的波函数对应哪一个势阱了。如果四个或者五个势阱耦合，相邻的势垒高度和宽度都相同，相应地、对应的能级会分裂成四个或者五个能级,总的分裂大小基本不变,

基本上取决于相邻势阱的耦合程度。我们可以想象有数目巨大的相同势阱耦合，它们相邻的势垒高度和宽度都相同，分裂的能级数目与势阱数目相同且巨大，分裂能级的上限和下限又是固定的，这样就形成了连续的所谓能带，如图 1.2(c)所示。同样的，我们无法区分每一能级对应的波函数具体对应哪一个势阱，对于势阱数目巨大的系统，波函数也可以看作在空间上是扩展的。这跟自由空间的扩展波函数和连续本征态能量连续分布非常类似。

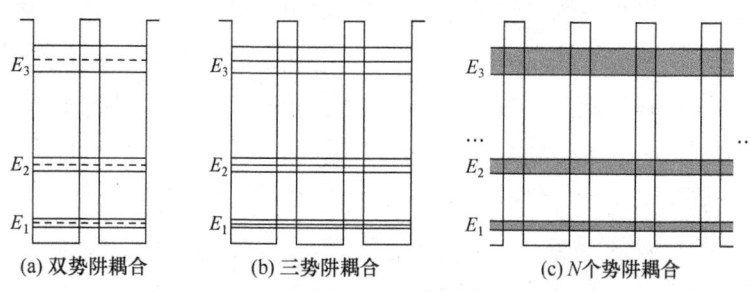

图 1.2　多势阱耦合时能级的分裂和能带的形成

换一个角度来看数目巨大的相同的势阱与相同宽度和高度的势垒耦合，可以看作是一个具有平移对称性的量子力学系统，具有连续的能量本征态，波函数是扩展的。但是，连续的能量本征态的上限和下限是有限的，我们称之为能带，能带宽度取决于相邻势阱之间的波函数耦合强度。晶体就是具有平移对称性的三维周期点阵结构，构成一个具有三维平移对称性的量子力学系统。上面的讨论也可以推广应用到三维情形。

需要说明的是，即使势垒是相同的，如果势阱的宽度不同，有一定的涨落，这样的量子力学系统，波函数就不会是扩展的，只会局域在一定的区域，如图 1.3 所示，这就是著名的安德森局域化。这个模型也可以推广到三维情形，这是非晶态的电子态特性的量子力学基础。

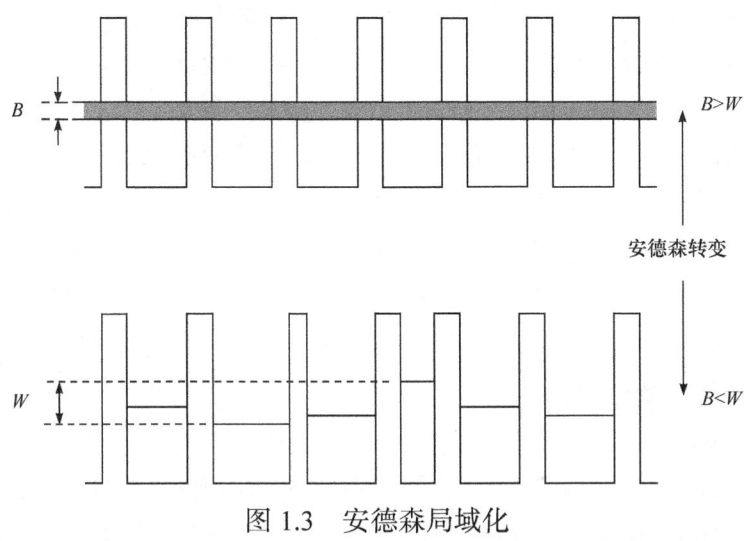

图 1.3　安德森局域化

1.2　固体能带论

海森堡和他的学生布洛赫严格证明了在具有三维平移对称性的量子力学系统里，波函数跟自由空间一样是扩展的，称为布洛赫波，对应的量子本征态称为布洛赫波矢 k，能量本征值 E 与 k 的关系 $E(k)$ 不是简单的自由空间一样的 $E \sim k^2$ 的关系，而是像上一节描述的那样具有能带的特征。海森堡和布洛赫发现的固体能带论为人类社会开创了一个新的时代，奠定了固体电子学的理论基础[6]。信息时代的物质基础——各种半导体器件和半导体集成电路的理论基础都是固体能带论。前面提到的量子力学为现代社会贡献了近三分之一的 GDP，其中很大一部分要归功于固体能带论的直接贡献或者其衍生贡献。

一个合格的固态器件工程师必须熟练地掌握和使用固体能带论知识，而掌握固体能带论知识又必须有一定的量子力学知识。我国在发展固体电子学领域的初期，相应的专家人才极为稀缺，很多没有受过量子力学、固体能带论完整的学术训练的技术人员，响应当时国家战略的急迫需求，从其他行业转行到半导体器件领域或者固体电子学领域。在当时的条件下，半导体器件的结构和制造工艺相对比较简单，靠唯像的理解也能够胜任。在半导体器件工艺演进到了深亚微米甚至纳米尺度时代，半导体器件结构变得异常复杂，器件性能提高到了极致，唯像地理解半导体器件远远不够了。早期国内一些关于半导体器件的教科书为了简化教学内容，不让学生深陷深奥的能带理论，不是从固体能带论出发来解释半导体器件物理，而是从唯像的电路级模型来理解半导体器件，就有了时代的局限性。比如，对于双极型 npn 或 pnp 晶体管的工作原理的理解，很多高校毕业的学生都认为是电流控制型器件，从能带论的角度来认识双极型晶体管，就应该是电压控制型器件，所有的固态器件的基本原理都是外加电场来调节固体能带。我们在设计器件时就是通过调节工艺参数来改进和优化器件的能带结构。双极型晶体管是各类固态器件的基础，几乎所有的固态器件里都会有双极型晶体管的寄生结构，需要对双极型晶体管器件物理有正确的理解才能做好各类固态器件的设计。如果器件工程师认为双极型晶体管是电流控制性器件，就会让器件工程师无所适从。

下面简要介绍固体能带的形成机理。我们知道固体都是由原子组成的亚纳米级的三维点阵结构，人们已经通过 X 射线衍射和电子束衍射以及电子显微镜证明了，如图 1.4 所示。量子力学在原子物理里首先取得了成功，理论和实验都验证了原子的能级都是分立的。我们可以把原子核对电子的束缚简单地认为是电子被局域在一个有限深的势阱里，不过这个势阱不是一个简单的方型势阱，如图 1.5 所示。原子里的原子核非常小，原子的尺度绝大部分是由核外电子运动(波函数分布)决定。一个简单的比喻，假如原子尺寸有一个足球场大，原子核只有一个红枣核大小，在计算和研究电子的特性时，原子核的体积可以忽略不计。

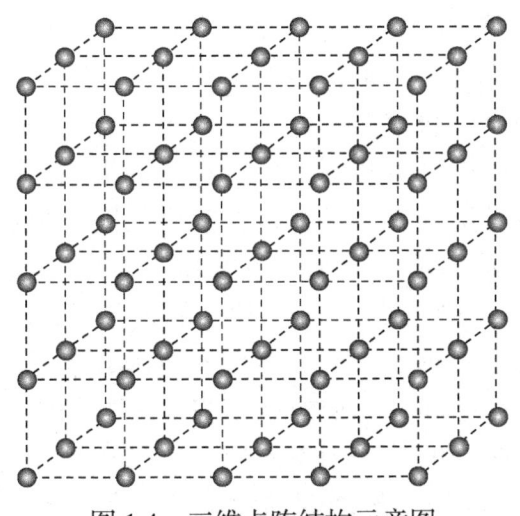

图 1.4　三维点阵结构示意图

另一方面，原子核的质量却非常大，核外电子的质量比原子核小了 3 个数量级。我们在计算核外电子运动的时候，可以假定原子核是静止的。这为我们研究和理解固体中电子的运动带来了极大的便利。

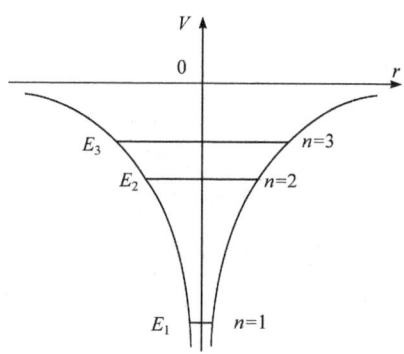

图 1.5　原子中电子的势阱和能级

我们采用如图 1.5 这样简化的原子模型来描述核外有多个电子的运动状态。电子除了空间的自由度外，还有自旋。因为电子是费米子，根据泡利不相容原理，图 1.5 中一个能级上可以容纳两个电子，一个自旋向上，另一个自旋向下。我们把两个相同的原子相互靠近时，相同能级的波函数就会发生交叠和耦合，这两个相同的能级也会发生分裂。以两个氢原子为例，如图 1.6 所示，随着两个氢原子相互靠近，一个能级相较于独立的氢原子，越来越下降，另一个能级越来越上升。能级低的波函数会更多地分布在两个氢原子核中间，形成对两个氢原子核的吸引力，这个吸引力就是典型的量子力学效应。原子核越靠近，吸引力就越强，直至与原子核之间的库伦排斥力相消，达成平衡，形成了氢分子键。分子键英文叫作"bonding"，就是连接和束缚的意思，比中文的字面意思更加能够说明分子键的确切含义。能级低的这个状态称为成键态，在成键态上会填充两个电子，一个自旋向上，另一个自旋向下，两个电子的总自旋为零。需要说明的是，电子的自旋是磁矩的主要来源，因而氢分子没有磁矩。人们可能会要问，是不是所有成键态上的两个电子的自旋都是必须是一个向上，另一个向下呢？海森堡为了回答这个问题，提出了交换积分的概念，对于如铁这样的原子，交换积分是负的，两个自旋相同的电子所形成的能态能量会更低，这就是铁磁性的来源[7]。这里不再做更多的探讨了。

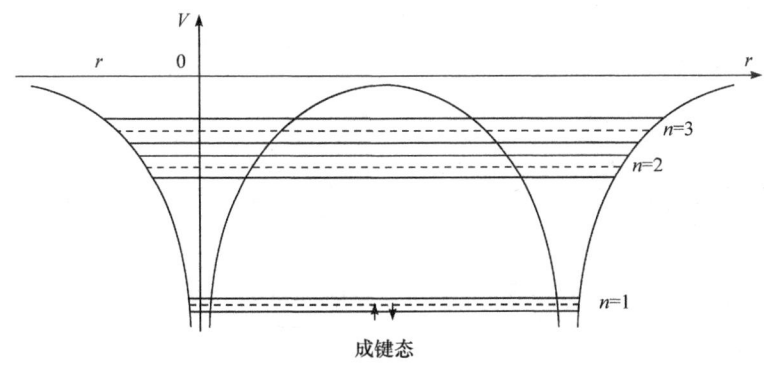

图 1.6 氢分子中电子的势阱和能级

我们在氢分子模型的基础上再做进一步推广到多原子聚集靠近的情形。尽管氢原子只能组成双原子分子，但是，像硅这样的原子能够有巨大数量的聚集，靠着原子之间耦合而成的成键态波函数所形成的引力(分子键)，导致大量原子形成三维有序排列的点阵结构，即所谓的硅单晶。在数目巨大的原子靠近形成的具有平移对称性的周期性点阵结构里，我们也可以按照上一次有限深势阱的方式来构造能带的形成机制，如图 1.7 所示。相邻原子之间的耦合强度决定了能带的宽度，原子原来所对应的能级大致位于能带的中央。原子的数目增加只是增加了能带里能级，一个能带里所含能级的数目等于组成三维阵的原子数目。如果这个能带对应的原子能级填充了两个电子，那么能带里所有能级都会填满两个电子，被填满了电子的能带成为满带，如图 1.7 所示。如果能带对应的原子能级没有被电子填充，这个能带里所有能级就是空的，称为空带，如图 1.7 所示，需要说明的是，空带里是可以填充电子的。如果原子能级之间的距离足够大，能带与能带之间还有区域，这个区域是不能被电子填充的，称为禁带。能带之间的电子只能通过跃迁的方式，通过外场(吸收或者发射光子)越过禁带，由一个能带跃迁到另一个能带，这跟电子在原子能级之间跃迁只能通过光子吸收或者发射来移动一样。

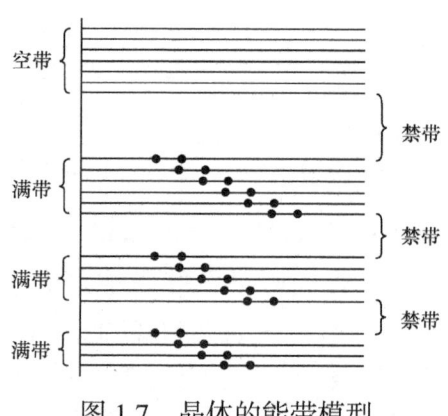

图 1.7　晶体的能带模型

下面来讨论在能带里电子在外场作用下的运动的情形。前面已经提到了布洛赫从理论上证明了具有平移对称性的三维周期点阵固体结构的量子力学系统里，电子的运动也是类似在自由空间运动的平面波，波矢 k 仍然是描述固体中电子运动的量子本征矢量，叫作布洛赫波矢(区别于自由空间的波矢)，对应的波函数是平面波受到了三维点阵造成的周期势场的调制，固体中电子的波动形式称为布洛赫波。布洛赫波矢 k 的取值在三维波矢空间中也是准连续的，但是，电子的能量 E 与 k 的关系不是简单的平方关系，而是比较复杂，不同的晶体有不同 $E(k)$ 关系。由于固体中势场具有周期为 R 的平移对称性，即 $V(r+R)=V(r)$，$E(k)$ 关系在三维波矢空间中也有周期为 G 的平移对称性，即 $E(G+k)=E(k)$。G 被称为 R 的倒格矢($G \cdot R=n$)，类似于正弦波里频率 f 对应于周期 T 一样($f \cdot T=n$)。这样，我们计算或者测量一种晶体的 $E(k)$ 只需要局限在最小的 G 范围，通常在 $-\frac{G}{2} < k \leqslant \frac{G}{2}$ 范围内即可。$E(k)$ 的大小总是有限的，这与上面讨论的能带形成的机理完全吻合。需要说明的是认识一种晶体的电子态特性，就是计算或者测量其 $E(k)$ 关系，只要 $E(k)$ 关系搞定了，这种固体的几乎所有电学性质和光学性质基本上就能够确定。搞明白半导体硅、锗、砷化镓等材料的 $E(k)$ 关系是人类 20 世纪基础研究的重大成就之一，奠定了整个信息产业的理论基础，导致了晶体管、集成电路和半导体激光器的发明。固体能带里的电子在外场作用下，电子会感受一个力，比如有一个电场强度 F，这个力就是 $-eF$，e 是电子的电荷。如果还有外加磁场 B，电子也会感受到洛伦兹力。上面我们一直是把固体当成一个完美的三维周期平移对称性的理想的量子力学系统，实际上晶体的是不完美的，即使晶体是完美的，晶体里的原子也会有振动，会扰乱电子感受到的势场的平移对称性。在

室温下，固体里能带电子态波函数范围也只有几个纳米到几十个纳米的量级，通常远小于宏观固体的尺寸。这样，我们仍然把能带电子当成一个粒子来看待，称之为准粒子，这就是准经典近似。我们可以对能带电子定义动量 $\hbar k$。由于外场 F 会比晶格内部电场小得多，外场不会改变晶格的 $E(k)$ 关系，只会引起布洛赫波矢 k 的变化，与自由空间的波矢一样满足牛顿第二定律，即 $\dfrac{\mathrm{d}(\hbar k)}{\mathrm{d}t}=-eF$，这就是准经典近似。能带电子在外场作用下，尽管其布洛赫波矢会改变，由于 $E(k)$ 不会改变，电子运动行为就会跟自由空间的电子不一样，能带电子在外电场的作用下，在一些 k 的范围内，不仅不能加速，还会减速，甚至还会出现速度相反等很多复杂的情形，都是由于能带电子复杂的 $E(k)$ 关系的缘故。

下面来讨论满带情形的导电特性。照理满带的固体电子数目巨大，这么多电子被电场加速，应该会承载巨大的电流才对。在自由空间里，这是对的。但是，在固体里就不对了，与自由空间不同，能带电子的运动受 $E(k)$ 关系的约束。$E(k)$ 关系还有一个特点，在波矢空间，具有反演对称性，即 $E(k)=E(-k)$。在满带固体里，一个波矢为 k 的电子在外场作用下为导电做了正的贡献，必定会有另一个波矢为 $-k$ 的电子为导电做了负的贡献，二者相消，净导电贡献为零。所以，满带固体是不导电的。这是量子力学推导出来的一个颠覆我们认知的结论，固体中电子数目巨大却可能不导电。

显而易见，空带里没有电子不会导电，前面已经分析了满带也不会导电。禁带里连量子态都没有，不可能填充电子也不会导电，如图1.8(a)所示。但是，我们的宏观世界里有金属能够导电，电阻率极低；当然也有绝缘体，电阻率极大，不能够导电。我们先从图1.8来分析绝缘体的形成机理。满带下面所有的能带都会填满，这是由能量最低原理和泡利不相容原理决定。最上面的满带顶与空带之间隔着禁带。如果禁带宽度足够大，满带里的电子在常温下无法通过热激发跃迁到空带里，满带还是满带，空带还是空带，没有电子能够参与导电，这是绝缘体的机理。这里需要说明，在固体物理里，最顶层的满带称为价带，最下面的空带叫导带。如果在光子能量大于禁带宽度的光照射下，价带里的电子吸收光子能量跃迁到导带里，如图1.8(b)所示，这时候，绝缘体也能够导电了。半导体实际上也是绝缘体中的一种情形，就是禁带宽度不是特别大，在室温下，热能够激发少量电子到导带里，这样这类固体的电阻率不是特别大，当然比金属导体的电阻大多了，称为半导体，如硅、锗等。硅的禁带宽度只有1.1eV，锗的禁带宽度只有0.65eV。砷化镓也是一种常用的半导体材料，禁带宽度为1.42eV，比硅的禁带宽度大0.32eV，人们就能够制备出半绝缘的砷化镓材料，电阻率比硅能够大3个数量级以上。硅和锗是无法做出半绝缘特性的。像石英晶体的禁带宽度可以达到8eV以上，就是良好的绝缘体。

上面提到了光能激发价带里的电子跃迁到导带里，就能够参与导电了。这种情形下，是不是只有激发到了导带里电子能够参与导电呢，其实还有一种载流子也参与导电了。从导电的角度，价带(满带)与导带(空带)都不导电，效

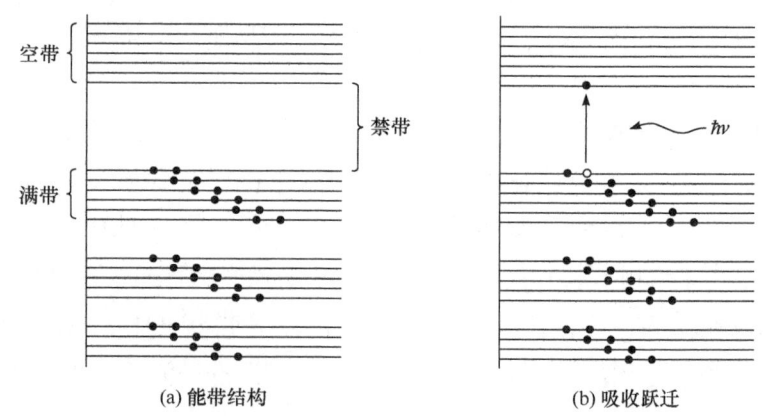

(a) 能带结构　　　　　　(b) 吸收跃迁

图 1.8　绝缘体的能带结构和光致导电现象

果一样。满带不导电的原因是填满了。把价带里的电子拿走一些，剩下的这些电子在外场下的运动就打破了 $E(k)=E(-k)$ 的限制，这些电子就能够参与导电了。从导电性能的角度看，满带与空带是对称的。我们可以等效地把满带里的导电性能归结于电子被拿走了的这些空位，满带是中性的，电子拿走后留下的空位，等效地就带正电荷了，与电子相反。固体物理里将其称为空穴[8]，这是另一种准粒子。这样来计算价带电子的导电贡献就方便多了。空穴是固体物理和半导体物理里一个重要的概念。下面再说说空穴的一些特征，空穴带正电，$E(k)$ 关系具有价带电子的特征，在外场作用下，其布洛赫波矢的变化也满足牛顿第二电律。但是，空穴会倾向于布居在价带顶部，空穴处于能级位置越高的状态，系统整体能量越低，这是与能带电子特性相反的地方。空穴概念的提出是参照了狄拉克发现相对论量子力学方程时提出的正电子概念。

下面讨论金属的导电特性机理。上一节我们讨论固体能带实际上来源于相邻原子能级的耦合。如果原子里两个能级相距不远，且耦合很大，这样来源于上能级的能带就会与来源于下能级的能带发生交叠，如图 1.9 所示。本来，上能带对应导带，下能带对应价带。这样，价带里的一部分电子会进入导带，在价带里产生空穴，在导带里产生了能够导电的电子，由于导带里电子和价带里空穴数目巨大，导电性能优异。

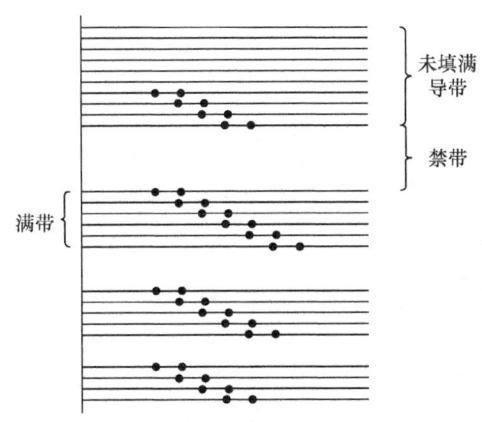

图 1.9　金属的能带示意图

还有一种更另类的材料称之为半金属，在拓扑绝缘体的研究里非常有用。这需要从导带和价带的 $E(k)$ 关系的详细分析才得到，如图 1.10 所示。半金属与金属一样，价带与导带交叠，价带里的电子会填充到导带里，具有金属的特点。但是，从 $E(k)$ 关系里，对应的每一个 k 值，导带的能级总是大于价带的能级，总是存在能隙。

我们再来讨论金属的导电特性，金属里能够参与导电的电子和空穴数目能达到接近 $10^{23}cm^{-3}$，是否这么多电子和空穴都能够参与导电呢？回答是否定的。我们这里要介

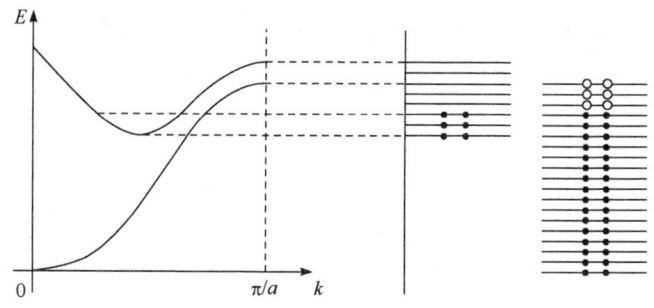

图 1.10 半金属的能带示意图

绍费米能级的概念,这是固体物理和半导体器件物理里极为重要的概念之一。费米能级在实空间和波矢空间都实用。因为固体中存在超过 10^{23}cm^{-3} 的电子浓度,这是一个巨大的数目,人们又把这么海量数目的电子称为电子海,为了纪念伟大的物理学家费米,又称为费米海。电子的自旋为二分之一,称为费米子,电子在能级上的填充满足费米-狄拉克统计分布。这个统计分布里有一个物理量叫作费米能级[9]。我们可以形象地认为费米能级就是电子海的海平面。在费米能级以下的能态都被电子填满,费米能级以上能态都是空的。在费米能级附近,由于温度的存在,会有电子分布的涨落,这就是费米-狄拉克分布。在平衡状态下,金属里或者固态里的费米能级都是平的,就像海平面必须是平的一样,否则就会有电子的流动。我们前面提到,能带电子在外场的作用下,其波矢会满足牛顿第二定律,波矢会发生变化。但是,由于金属或者半导体存在各种缺陷,在室温下还会存在晶格振动,固体并不会是一个完美的三维周期平移对称的量子力学系统,电子的波矢在外场作用下的时间是极为有限的,通常只有纳秒或者纳秒以下,超过这个时间，电子的波矢又会弛豫到初始状态，电子的波矢变化不会太大。这样一来，只有费米能级附近的电子能够在外场作用下打破 $E(k)=E(-k)$ 的限制，参与电子导电，如图 1.11 所示，这是金属电阻的来源。尽管这是一个简单的近似处理，但是非常有效。金属里费米能级附近的电子非常重要，金属的超导特性就是这些电子在低温下通过电子与声子之间的相互作用，导致电子之间具有净吸引相互作用，形成库伯对(另一种新的准粒子)的宏观量子现象。由于库伯对里两个电子之间具有吸引相互作用，库珀对的能量会比两个自由电子低，会在费米能级附近形成一个能隙，与前面提到的禁带一样，不能填充电子。电子是费米子，库伯对是由两个电子组成，形成了玻色子。玻色子有一个特点，就是不需要满足泡利不相容原理，玻色子能填充在同一个量子态上。超导体就是整块金属里的所有库伯对电子都位于同一个量子态(著名的玻色-爱因斯坦凝聚)，超导是一种宏观量子现象，实际上就是库珀对的超流现象，所以，超导体里完全没有电阻。

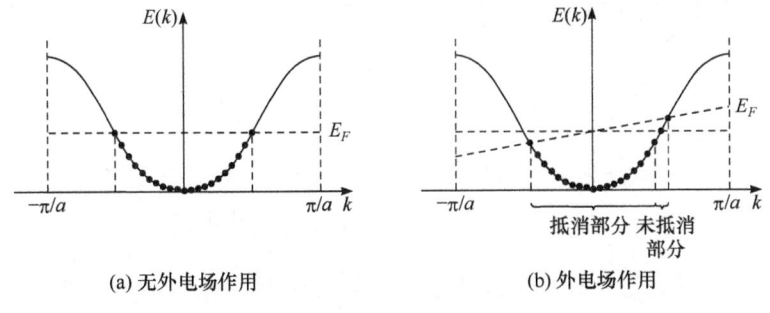

图 1.11 金属导电机理的解释

纯净的半导体是没有太大价值的，半导体器件需要对半导体材料进行掺杂处理。如图 1.12 所示，在硅里掺入硼，硼比硅少一个价电子，会在价带顶附近的禁带里产生一个能够填充电子的空能级杂质态，这个能态的波函数是束缚的，不是扩展的。由于这个杂质态能级离价带顶非常近，在室温下价带里的电子就会容易跃迁到这个杂质态能级里，价带顶留下空穴，杂质态被电子填充，杂质态也称为受主态。因为杂质态函数是束缚的，杂质态里填充的电子不会参与导电，只有价带里的空穴会参与导电，因而，硼掺杂的硅就是空穴型导电，称为 p 型半导体。在硅里掺入砷或者磷，比硅多一个价电子，会在导带底附近的禁带里产生一个填充了电子的能级杂质态，波函数也是束缚的，不是扩展的。在常温下，填充在杂质态里的电子会跃迁到导带里参与导电，因而砷或者磷掺杂的硅就是电子型导电，称为 n 型半导体。正是由于对 n 型或者 p 型的控制，改变半导体材料的导电特性，形成了半导体器件的基础，也是整个微电子集成电路的基础。

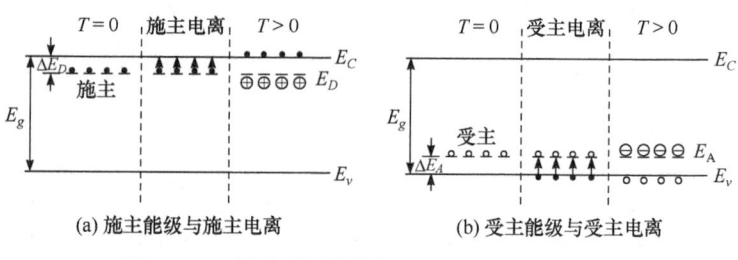

图 1.12　掺杂半导体的能级与杂质电离[9]

这里再提出一个问题，如果掺杂浓度特别高，相邻杂质态之间的波函数就会发生耦合，杂质态之间也会发生导电，这是我国老一辈物理学家洪朝生先生在普林斯顿大学留学时发现的物理现象。因为杂质在固体中是无序分布的，即使杂质态波函数耦合，也会发生上一节提到的安德森局域化现象，电子应该不会导电。但是，如果杂质之间距离足够近，尽管有安德森局域化，还是会有扩展态出现，这时候称为杂质能带，简称杂带，这是我国著名固体物理学家黄昆先生的博士学位指导教授莫特提出来的解释，莫特教授提出了莫特迁移率边来分隔安德森局域态与导电扩展态，安德森和莫特在1979年就此获得了诺贝尔物理学奖。洪朝生先生是在液氦温度下发现的这个现象，他在国外也掌握了低温技术。洪朝生先生回国后，因火箭发动机里需要液氧和液氢，响应国家战略需求，改行去开创我国低温制冷技术的研究，取得了重大成就。如果洪朝生先生继续他在这个领域的研究，也将取得巨大的学术成就。安德森第一次来中国就是专门拜访洪朝生先生，并特意说明他的研究就是源于洪朝生先生实验发现。我们在此向为国家战略需求而放弃自己学术追求做出个人牺牲的科学家前辈致敬。

1.3 光子晶体的物理基础

前面提到了薛定谔方程在周期势场下就会出现能带和色散关系 $E(k)$，因为薛定谔方程是波动方程，还有很多其他类型的波动方程，在具有周期平移对称性的点阵结构里发生波动也会有能带和色散关系 $E(k)$ 这样的特点。南京大学的闵乃本教授在20世纪80年代提出来的声学超晶格和光学超晶格概念，其物理基础就是声波和光波的波动方程在一维人工周期结构里出现的能带和色散关系。因为声波和光波的波长都比电子的物质波长大许多。可见光的波长在亚微米级,这样人造周期性材料就容易多了。闵乃本教授就用简单的晶体材料生长办法成功地验证了声学超晶格和光学超晶格等概念的物理结论。复旦大学物理系资剑教授用光子晶体的概念和计算结果成功地解释了鸟类羽毛和蝴蝶翅膀五颜六色斑斓色彩的形成机理,如图 1.13 所示。

图 1.13　鸟类羽毛和蝴蝶翅膀及其具有的光子晶体微观结构[10]

以光子晶体为例来说明,下面这个公式就是经典的波动方程,对光波、声波和电磁波都适应。我们知道麦克斯韦方程能够完美地描述电磁场和电磁波,麦克斯韦从麦克斯韦电磁场方程出发也推导出了这个波动方程,并且发现了波动方程里波的速度 c 就是光速,因而麦克斯韦发现了光就是电磁波。

$$\left(\frac{\partial^2}{\partial x^2}+\frac{\partial^2}{\partial y^2}+\frac{\partial^2}{\partial z^2}\right)E-\frac{n^2}{c^2}\frac{\partial^2}{\partial t^2}E=0 \qquad (1.4)$$

爱因斯坦更进一步从麦克斯韦方程中发现光速 c 是常数，只与真空的电极化率和磁化率有关，因而得出光速不变原理，推导出了著名的狭义相对论。请注意波动方程里 E 就是电磁波的电场强度，n 是光传播介质的折射率，我们通常假设传播介质是均匀的，因而 n 一个常数。当然，光由一种传播介质进入另一种传播介质，会在这两种介质的界面发生反射和折射等现象，能够从上面的波动方程推导出来。我们可以把光从均匀传播介质推广到非均匀传播介质的一般情形，折射率参数 n 由常数就变成了 $n(r)$ 折射率场，波动方程就变成了如下的方式：

$$\left(\frac{\partial^2}{\partial x^2}+\frac{\partial^2}{\partial y^2}+\frac{\partial^2}{\partial z^2}\right)E-\frac{(n(r))^2}{c^2}\frac{\partial^2}{\partial t^2}E=0 \quad (1.5)$$

尽管波动方程的形式不同了，但是与从第一节得出来的结论是相通的。比如，对比第一节讨论的薛定谔方程的有限深势阱，能级是分立的，不是连续的。我们也可以构造类似的结构，如图 1.14 所示，把折射率为 n_2、宽度为 w_2 的介质 2 夹在折射率为 n_1 的大块介质 1 中(通常 n_1 小于 n_2，从实际应用角度，实现起来也更容易，如我们把介质 1 取为空气)，只有一些极窄范围波长的光能够从介质 1 中穿透介质 2，再到介质 1 中，对应于第一节有限深势阱中的分立能级，这就是著名法布里-珀罗标准具，在光学仪器设备里用途广泛，如在激光器里用作谐振腔。

法布里-珀罗标准具的波长选择限制特性实际上就是驻波在起作用，驻波就是入射的波与反射回来的波叠加，导致波无法传播出去，波被限制一定的空间，由于空间和边界条件的限制，就会有波长选择特性。在量子论的早期，

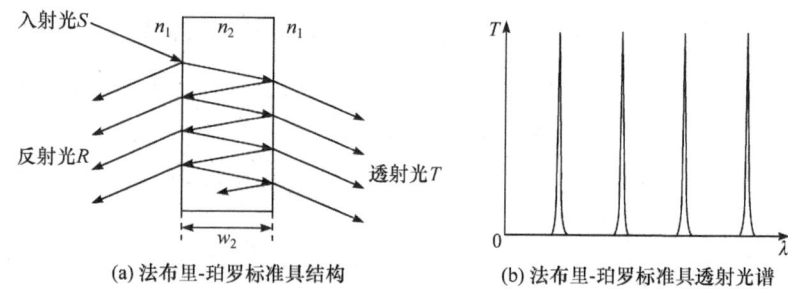

图1.14 法布里-珀罗标准具结构及其透射光谱示意图

物质波概念和量子力学波动方程没有出现之前，物理学家们就是把驻波的波长选择特性与氢原子能级的分立特性相类比，认为氢原子的电子在氢原子核周围形成了一个个环形的驻波。波尔的氢原子模型、索莫非的轨道角动量量子化模型都是从驻波特性推出来的。现在回过头看，波尔和索莫非的这些模型太过粗糙，但是，这些模型对早期的量子力学出生、发展、成熟起到了催化的作用。

我们现在回到波动方程的折射率场 $n(r)$，$n(r)$ 可以取为更为复杂的分布。按照第一节有限深势阱的类比，法布里-珀罗标准具里折射率大的介质 2 可以视为势阱，折射率小的介质视为势垒。如果我们把 $n(r)$ 也设计成具有周期平移对称性的空间折射率分布，光波的性质也可以把第一节里电子能带论那一套形成机制照搬过来。光波在这种折射介质场中的传播特性也是由所谓的布洛赫波矢 k 来决定，这与在均匀介质中光传播的波矢不完全相同，光波的频率 ω 与布洛赫波矢 k 之间的色散关系也满足 $\omega(k)=\omega(k+G)$，在布洛赫波矢空间也具有周期性平移对称性，G 对应倒格子空间的矢量，这跟均匀介质里色散关系 $\omega=\dfrac{c}{nk}$ 完全不同。

$\omega(k)=\omega(k+G)$色散关系意味着光子晶体里也会有光的通带和禁带，如图 1.15 所示。这是光子晶体的基本特性。孔雀羽毛、蝴蝶翅膀实际上就是光子晶体，会有光的通带和禁带，白光照射到这些光子晶体上，与通带相同频率的光会透过去，与禁带频率相同的光会被反射，随着光子晶体尺度的不同，这些反射光频率不同，因而五颜六色。

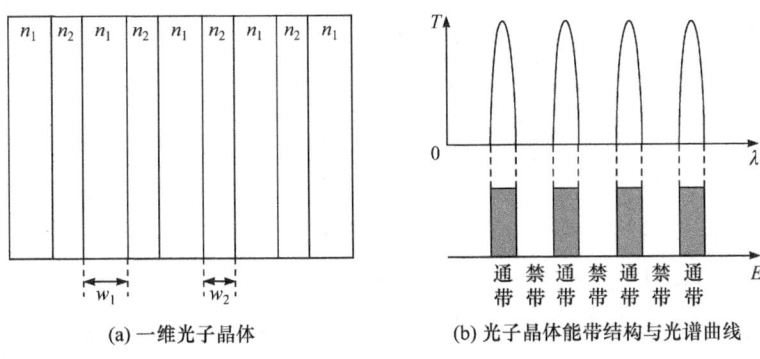

图 1.15 光子晶体的物理结构(一维)、能带结构及其光谱曲线

波动方程受到一维、二维或者三维周期性势场或者折射率的调制或者扰动，色散关系都会满足 $\omega(k)=\omega(k+G)$，这是一个普遍的规律，这是由周期平移对称性决定的，物理学家用群论进行了严格的数学证明，布洛赫波矢 k 就是具有空间平移对称的群表示的特征标。有意思的是，这个物理规律早在 20 世纪 20 年代末求解周期势场作用下的量子力学就被发现并整理出来了，并在固体电子学领域取得成功的 60 年后，人们才把这个规律用到经典波动方程里，诞生了光子晶体、光学超晶格、声学超晶格这些概念。最近，人们进一步推广把折射率 $n(r)$ 由正变成负，形成所谓负折射率光学，又发现了一系列有趣的物理现象[11]，这里

不再讨论了。

1.4 半导体异质结、量子阱和低维系统

下面我们把更多的注意力放到半导体物理和半导体器件物理。图 1.16 分别为硅和砷化镓的 $E(\boldsymbol{k})$ 关系图或者称为能带图，禁带宽度 $E_g=E_C-E_V$，这是典型的半导体材料的能带图。前面讨论金属导电特性时，尽管金属里有数量巨大的电子能够参与导电，实际上由于布洛赫波矢弛豫时间限制，只有费米能级附近的电子能够对导电做贡献。那么半导体又如何呢？第 1.2 节也讨论了，半导体材料的导电特性可以通过掺杂来改进，掺杂产生的载流子浓度都很低，通常不超过 10^{19}cm^{-3}，而且还填充在价带顶或者导带底附近。半导体也有费米能级，对于本征半导体，也就是没有掺杂的纯净半导体，费米能级近似位于禁带的中央。对于 n 型半导体，费米能级位于导带底附近，相应地，对于 p 型半导体，费米能级位于价带顶附近。半导体里同样有布洛赫波矢弛豫时间限制，但我们可以认为只有导带底的电子、价带顶的空穴为半导体导电做贡献。我们只需要考虑导带底和价带顶附近的 $E(\boldsymbol{k})$ 关系，导带底可以视为极小值，价带顶视为极大值，导带底附近的 $E(\boldsymbol{k})$ 关系按照泰勒展开为 $E(\boldsymbol{k})=E_C+\dfrac{[\hbar(k-X_0)]^2}{2m_e^*}$，导带底在布洛赫波矢空间(又称为布里渊区)的 X_0 处。价带顶附近的 $E(\boldsymbol{k})$ 关系按照泰勒展开为 $E(\boldsymbol{k})=E_V-\dfrac{(\hbar k)^2}{2m_h^*}$，很有意思的是，所有的半导体材料

价带顶都位于布里渊区的中心处。m_e^* 和 m_h^* 分别称为导带电子和价带空穴的有效质量,这样我们就可以把半导体里的载流子当作自由空间运动的电子运动来处理了。但是,这两个有效质量的大小与电子的实际质量不同,物理含义也不同,仅仅是为了处理导带电子和价带空穴的运动方便而引入的参数而已,同一半导体材料的 m_e^* 和 m_h^* 也不相同。

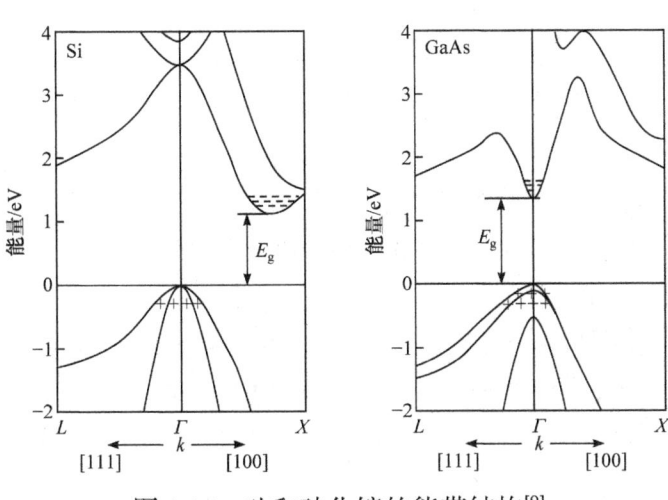

图 1.16 硅和砷化镓的能带结构[9]

从图 1.16 可以看出来,砷化镓的导带底和价带顶都位于布里渊区的中心 Γ 处,硅的导带底位于布里渊区的 X 处,硅的价带顶位于布里渊区的中心 Γ 处。在半导体能带里,位于较高能量处的电子或者空穴会先通过发射声子(通俗地说发热)弛豫到导带底或者价带顶。如果半导体中同时存在导带电子和价带空穴,这可以通过电注入或者光激发来实现。位于导带底的电子和价带顶的空穴会通过发射光子或者发射声子来复合掉。但是硅和砷化镓会有不同的行为,如图 1.17 所示的直接跃迁和间接跃迁。半导体里电子-空穴复合发射光子或者声子是一个三体相互作用过程，除了需要满足能量守恒外，也需要满足波矢(动量)守恒。光子的波长为亚微米量级，半导体里原子间距为亚纳米量级。光子的波矢(为波长倒数)远小于固体电子或者空穴的布洛赫波矢(约为原子间距的倒数)，可以忽略不计。如果导带电子与价带空穴的复合发射光子，必然要求导带电子的波矢与价带空穴的波矢相等。电注入或者光激发的电子和空穴会首先弛豫到导带底和价带顶，对硅来说，导带底的电子与价带顶的空穴的布洛赫波矢不相同，差距很大，不可能发射光子，称为间接带隙半导体；而对砷化镓，导带底的电子与价带顶的空穴的布洛赫波矢都位于布里渊区中心，波矢相同，会发射光子，称为直接带隙半导体。硅只能做电子器件，不能做光发射器件，砷化镓既能做电子器件，又能够做光电子器件。尽管如此，硅也有其他方面的优势，在整个半导体产业里占有 95% 以上的市场份额。

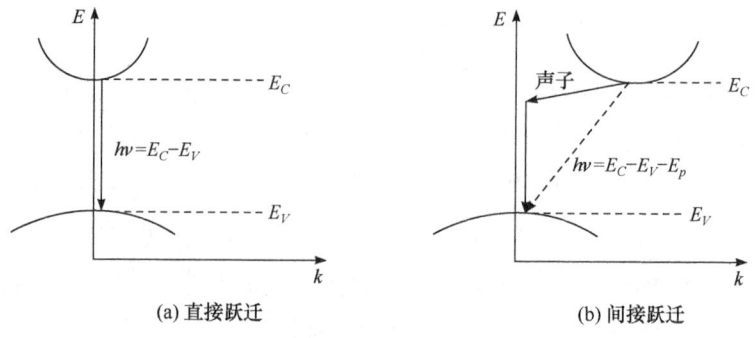

图 1.17　本征辐射的直接跃迁和间接跃迁[9]

上一段介绍的有效质量概念，把导带电子和价带空穴的运动行为当成真空中粒子自由运动来处理,在此基础上,也可以构造固体电子的薛定谔方程,对处理固态量子器件和低维系统非常有用,请注意能带电子的薛定谔方程里除了把电子的质量换成有效质量外,其他都没有改变。$V(x,y,z,t)$可以通过下面将要介绍的基于半导体异质结能带剪裁工程来实现,第 1.1 节里介绍的有限深势阱的薛定谔方程求解结果和势阱之间波函数的耦合特性,都能够通过半导体异质结能带剪裁实现和实验验证。

(导带电子薛定谔方程)

$$i\hbar\frac{\partial \psi}{\partial t}=\left[-\frac{\hbar^2}{2m_e^*}\left(\frac{\partial^2}{\partial x^2}+\frac{\partial^2}{\partial y^2}+\frac{\partial^2}{\partial z^2}\right)+V(x,y,z,t)\right]\psi \quad (1.6a)$$

(价带空穴薛定谔方程)

$$i\hbar\frac{\partial \psi}{\partial t}==\left[-\frac{\hbar^2}{2m_h^*}\left(\frac{\partial^2}{\partial x^2}+\frac{\partial^2}{\partial y^2}+\frac{\partial^2}{\partial z^2}\right)+V(x,y,z,t)\right]\psi \quad (1.6b)$$

石墨烯的 $E(k)$ 关系却是另一种情形,E 与 k 成正比关系,能够构造出狄拉克提出来的相对论量子力学方程,英国籍俄罗斯科学家安德烈·海姆和他的学生诺沃肖洛夫就是利用石墨烯实验验证相对论量子力学预测的多个结果而获得了 2010 年诺贝尔物理学奖,这是为什么石墨烯的发现被授予诺贝尔物理学奖的主要原因。

半导体异质结是美籍德国物理学家克雷默和俄罗斯物理学家阿飞洛夫于 20 世纪 50 年代为了研制室温激射的半导体激光器和高性能高速晶体管独立提出来的概念。我们知道半导体是晶体,理想的整块半导体应该是一个完美的晶体。异质结是由两种不同的半导体材料结构形成的,两种半导体仍然需要保持晶体点阵结构，否则就会有缺陷出现，半导体的特性就会改变。图 1.18 是典型异质结结构，比如最早发现的 GaAs/Ga$_{1-x}$Al$_x$As 异质结。Ga$_{1-x}$Al$_x$As 材料的晶格常数不论铝的组分 x 如何变化都与 GaAs 的晶格常数在千分之一的精度内匹配，因而，可以在 GaAs 衬底上外延生长超过 1μm 厚的 Ga$_{1-x}$Al$_x$As 单晶材料。另一方面，Ga$_{1-x}$Al$_x$As 的能带结构却有很大的变化。这种情形称为晶格匹配的异质结。还有另一种情形，如图 1.19 所示，两种晶体的晶格常数不完全相同，有一定的差异，通常差别小于 2%以下，外延层很小的时候，外延层会调整自己的晶格常数，来适应匹配衬底的晶格常数，只要外延层的厚度不超过一定的数值，外延层与衬底仍然能够保持完整的晶格特征，这个厚度叫临界厚度。由于外延层的晶格常数发生了改变，外延层就会有应变，这种异质结结构称为应变异质结，应变也会改变材料的能带特性。

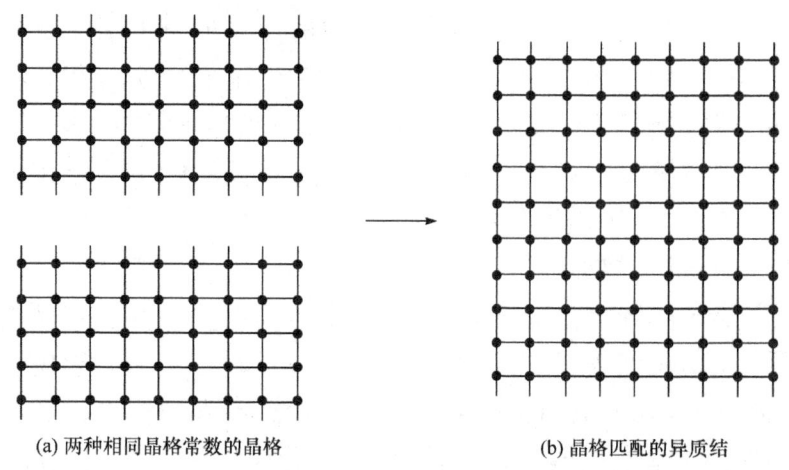

(a) 两种相同晶格常数的晶格　　　　(b) 晶格匹配的异质结

图 1.18　晶格匹配异质结的形成示意图

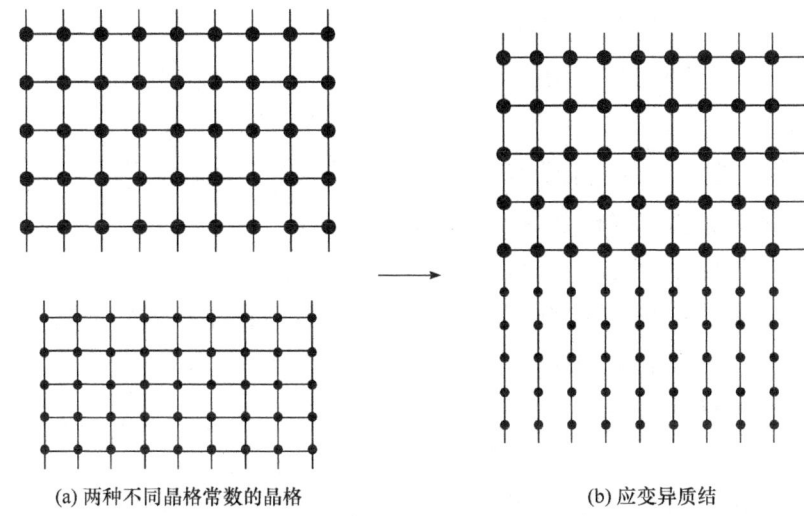

(a) 两种不同晶格常数的晶格　　　　(b) 应变异质结

图 1.19　应变异质结的形成示意图

异质材料的生长叫外延，高质量的外延生长技术一直在改进和发展，量子器件之所以能够发展起来，很大一部分功劳都要归功于外延技术的成熟和进步。早期的异质外延材料生长方法叫液相外延，日本人利用这个技术实现了半导体异质结激光器的室温激射，使得半导体激光器大规模产业化成为可能。表征异质结特性的主要参数是界面的质量和界面的平整度，理想的异质结界面不能有位错缺陷，外延层与衬底层之间必须原子级平整。液相外延生长技术只能满足第一个条件，不能满足第二个条件。直到 20 世纪 70 年代初，在贝尔实验室工作的北京出生的华裔科学家卓以和发明了分子束外延生长设备，原子级平整的高质量异质结才成为现实。另外，如何判断异质结的原子级平整也是一个大难题，直至 20 世纪 70 年代末，在贝尔实验室工作的湖南湘潭出生的华裔科学家盛旦初利用透射电子显微镜能观测到原子级平整的异质界面。盛旦初先生最早用透射电子显微镜看到的是 Si/SiO$_2$ 的原子级平整(Si/SiO$_2$ 异质结是采用热氧化生长 SiO$_2$ 过程中形成的，这个方法在 20 世纪 60 年代就出现了，是微电子的关键基础工艺之一)，启发了德国物理学家冯·克里青于 1980 年在 Si/SiO$_2$ 反型层里发现了整数量子霍尔效应；紧接着在贝尔实验室的华裔科学家崔琦等受此启发，在 GaAs/GaAlAs 异质结里发现了分数量子霍尔效应。整数量子霍尔效应和分数量子霍尔效应都是宏观量子现象，科学意义重大，冯·克里青和崔琦等都因此分别获得了诺贝尔物理学奖。

下面从能带论的角度来讨论异质结的特性。以 GaAs/GaAlAs 异质结为例，如图 1.20 所示。这里我们先只考虑 GaAs 和 GaAlAs 材料的导带底和价带顶。由于 GaAlAs 的禁带宽度比 GaAs 大，GaAlAs 的导带底与 GaAs 的导带底不会持平，GaAs 的导带底会位于 GaAlAs 的导带底下方，对应在 GaAlAs 的禁带里；相应地，GaAs 的价带顶会位于 GaAlAs 的价带顶的上方，也对应在 GaAlAs 的禁带里。GaAlAs 对于 GaAs 导带底的电子和价带顶的空穴都是起到了势垒的作用，GaAs 里的导带底电子和价带顶空穴遇到的是 GaAlAs 的禁带，GaAlAs 的禁带里面没有量子态，不会允许这个能量段的电子或者空穴去填充。GaAs/GaAlAs 异质结的导带底能量差 ΔE_C 和价带顶能量差 ΔE_V，是异质结材料本身特性所决定的，不受外加电场或者磁场以及掺杂等影响。

下面讨论异质结里二维电子气的形成。二维电子系统不仅在基础半导体量子物理有重要科学价值，而且还有重

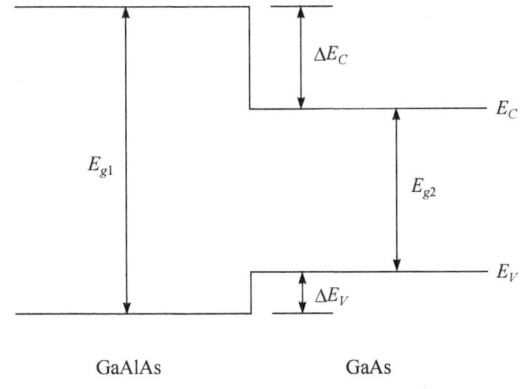

图 1.20　GaAs/GaAlAs 异质结的能带图

要的实用价值，大部分高速微波器件就是采用半导体异质结形成的二维电子气作为导电沟道。我们讨论两种异质结二维电子气的形成方式，一种是调制掺杂的方式，如图 1.21(a)所示，比如 GaAs/GaAlAs 异质结二维电子气；另一种是压电或者自发极化方式，如图 1.21(b)所示，比如 GaN/GaAlN 异质结二维电子气。通常异质结二维电子气都是为了做高速器件，希望有较高的电子速度，希望前面提到的能带电子在外场作用下的弛豫时间尽可能长，因而希望晶格的完整性尽可能地好。在调制掺杂异质结里，掺杂区位于较高导带底区域，电子就会掉到较低导带底里，电子掉进较低导带以后，会吸引更多电子聚集在异质结界面，引起能带弯曲，如图 1.21(a)所示，在异质结界面形成二维电子气，这样把二维电子气与掺杂区在空间上分开，避免了掺杂引起的杂质散射，可以得到非常高的电子迁移率和电子速度，用于制造高速器件，在射频和微波通信领域得到了大规模的应用。

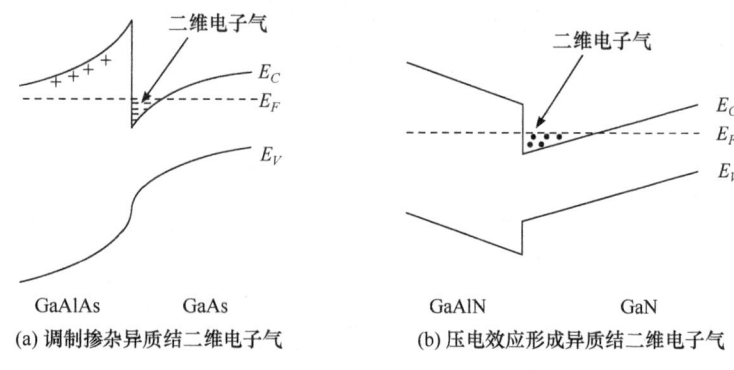

图 1.21 异质结二维电子气的形成示意图

我们考虑另外一种双异质结的情形，如图 1.22 所示，窄禁带的材料被夹在两个宽禁带材料中间。当中间层的宽度足够小时，也会发生第 1.1 节所说的量子尺寸效应。被夹中间层叫量子阱，两边为势垒。前面所介绍的以电子或者空穴有效质量构造的薛定谔方程就可以用来求解量子阱里的能级和对应的波函数，所得到的结果跟第 1.1 节里所描述的有限深势阱的情形完全相同。半导体双异质结构造出来的量子阱能够人工地实现量子调控。有读者会问，中间被夹层到底要薄到什么程度才会发生量子尺寸效应呢。与第 1.1 节描述的一样，就是小于电子的物质波长。电子在固体中运动跟光波在介质传播一样，电子的物质波波长也会不同，通常有效质量越小，能带电子的物质波长就越长，而且还与所处的温度有关。在室温下，能带电子的物质波长为 20nm 以上，量子阱会出现非常显著的量子限制效应。在液氦温区，能带电子的物质波长能够到微米量级。因而，在低温下可以观测到更多的量子力学现象，甚至如量子霍尔效应这类宏观量子力学效应。

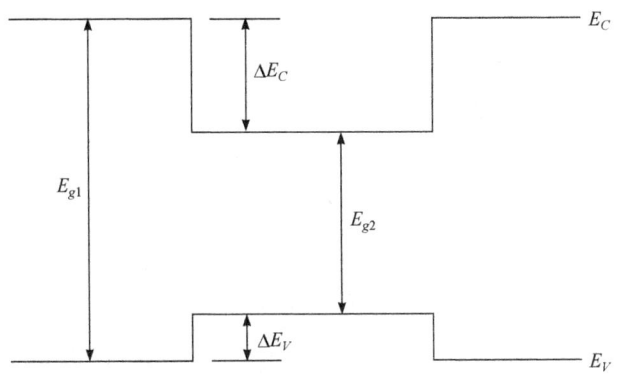

图 1.22 双异质结中的量子阱

双异质结出现量子限制效应后,会对晶体材料的电子态特性带来本质的变化,这是量子器件的物理基础。前面讨论的三维固体点阵结构引起的周期势场里,电子态用布洛赫波矢 $k(k_x,k_y,k_z)$ 来描述,k_x,k_y,k_z 分别用来表征电子的三维运动状态,也可以说是电子运动的三个自由度。固体的电学特性和光学特性主要是由导带底和价带顶的电子态特性($E(k)$关系)决定。导带底和价带顶附近的 $E(k)$ 关系分别为

$$E(k) = E_C + \frac{\hbar^2(k_x^2 + k_y^2 + k_z^2)}{2m_e^*} \tag{1.7a}$$

$$E(k) = E_V - \frac{\hbar^2(k_x^2 + k_y^2 + k_z^2)}{2m_h^*} \tag{1.7b}$$

E_C 和 E_V 分别为导带底和价带顶的能量。当量子限制效应出现以后,势阱材料里导带底和价带顶附近的 $E(k)$ 关系分别为

$$E(\boldsymbol{k}) = E_C + E_{\text{en}} + \frac{\hbar^2(k_x^2 + k_y^2)}{2m_e^*} \quad (1.8a)$$

$$E(\boldsymbol{k}) = E_V - E_{\text{hn}} - \frac{\hbar^2(k_x^2 + k_y^2)}{2m_h^*} \quad (1.8b)$$

E_{en} 和 E_{hn} 分别为势阱中导带电子和价带空穴的量子态能量。因而，双异质结发生量子限制效应以后，布洛赫波矢 $\boldsymbol{k}$ 只有 k_x 和 k_y 两个分量了，另一个分量 k_z 被量子化了，它们的性质被 E_{en} 或者 E_{hn} 所替代了。我们也可以说，由于量子限制效应，使得电子或者空穴的运动失去了在 z 方向的自由度，只剩下 x 和 y 这两个方向的自由度了，也就是说电子或者空穴只能够在两个维度上运动了。这是量子限制效应出现以后，对材料的电学和光学性能出现质的变化的根本原因。

对于固态电学或者光电器件，我们不关心一个电子或者空穴的运动状态，而是关心大量的电子或者空穴的运动统计或者集体运动的特性。器件的性质也的确由导带底或者价带顶填充的电子或者空穴的集体运动特性所决定。我们知道调节器件性能的一个外界关键参数就是电压，电压能够调节材料里的费米能级，也就是电子海(费米海)的水平面。打个比方，我们要调节水库水位高度，就需要计算水库的库容。同样，我们也需要计算半导体材料里的能够填充多少电子或者空穴的"库容"，因此，固体物理学家引入了所谓"能态密度"的概念，通常简称为态密度，单位能量里能够容纳电子态(等效于电子或者空穴)数目。从 $E(\boldsymbol{k})$ 关系就可以推导出态密度 $N(E)$ 的表达式，具体如何来计算态密度就不详细讨论了。图 1.23 是三维体材料和量子阱的导带电子和价带空穴的态密度示意图。三维半导体导带底附近的电子态密度 $N(E)$ 正比于 $\sqrt{E-E_c}$，价带顶附近的空穴态密度 $N(E)$ 正比于 $\sqrt{E_V-E}$。量子阱里导带底附近电子态密度和价带顶附近空穴态密度是常数，与电子和空穴的有效质量有关，随着量子态能级的增加呈台阶状提升，量子阱里电子和空穴的态密度公式如下：

$$N(E) \sim \sum_n \theta(E - E_{en}) \qquad (1.9a)$$

$$N(E) \sim \sum_n \theta(E_{hn} - E) \qquad (1.9b)$$

这里 $\theta(E-E_{en})$ 和 $\theta(E_{hn}-E)$ 为阶跃函数，当 $E-E_{en}$ 或 $E_{hn}-E$ 大于零时，$\theta(E-E_{en})$ 和 $\theta(E_{hn}-E)$ 为 1，当 $E-E_{en}$ 或 $E_{hn}-E$ 小于零时，$\theta(E-E_{en})$ 和 $\theta(E_{hn}-E)$ 为 0。

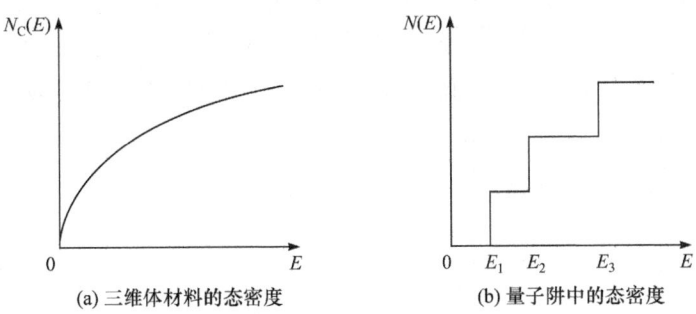

(a) 三维体材料的态密度　　(b) 量子阱中的态密度

图 1.23　三维体材料和量子阱的态密度与能量的关系曲线

下面来讨论二维电子系统，如图 1.24 所示，这是一个非常重要的概念。当费米能级介于量子阱导带的基态与第一激发态之间时，电子只填充了一个台阶，量子阱里的电子在 x 方向和 y 方向的量子态分别由 k_x 和 k_y 来决定，每一

组 (k_x, k_y) 决定两个电子的运动状态(考虑到电子的自旋,一个状态可以填充两个电子),但是,z 方向由于量子限制效应,所有这些电子的状态全部都由基态 E_{e0} 来表征,所有的电子在 z 方向的状态都一样,没有差别,步调一致,不存在自由度了,这就是严格意义上的二维电子系统。如果费米能级介于第二激发态与第三激发态之间,情况就不同了。我们知道费米能级以下都填充了电子,这里既有基态 E_{e0} 来表征的电子,也有第一激发态 E_{e1} 来表征的电子,这些电子在 z 方向的状态不完全相同,但又不是每一个电子的状态都不同,所有这些电子又只有两种状态,人们称之为准二维电子系统。可见,从物理学的角度,二维电子系统和准二维电子系统都是有严格的定义和区别的。有些人仅仅从势阱的物理尺度来理解二维系统,觉得势阱尺度足够小就是二维系统,势阱宽度不够小就是准二系统,这是不对的。低维特性是量子尺寸效应导致的,而且还与费米能级的填充有关。前面介绍的调制掺杂单异质结实际上也

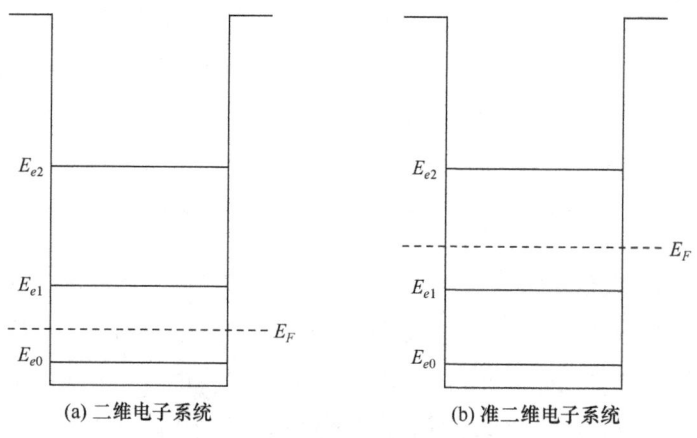

图 1.24 二维电子系统和准二维电子系统示意图

是二维电子系统。在单异质结里，由于电子的自积聚效应，会在异质结界面形成一个三角势阱，也会出现量子限制效应，当掺杂浓度不是很高时，费米能级就会填充在基态和第一激发态之间，形成严格的二维电子系统。

我们把双异质结里会发生量子限制效应的势阱层称为量子阱。量子阱里电子和空穴的态密度 $N(E)\sim E$ 的关系由抛物线型变成了台阶状，这表明在导带边和价带边能够有更多的电子和空穴参与发光。这个特性由于对发光效率和光增益有特别的好处，因此利用此特性改进的半导体光电发光管(LED 照明)和半导体激光器性能有了质的提升，进而成了人类社会光通信和固态照明这两个大产业的基础，后面的章节会对此进行专门的论述。

人们也许会问，如果对双异质结的另外一个方向也进行量子限制效应，会有什么新的特性出现呢？势阱层由于另一个自由度被量子化，导带底和价带顶附近的 $E(\boldsymbol{k})$ 关系，分别为

$$E(\boldsymbol{k}) = E_C + E_{\mathrm{en}} + \frac{\hbar^2 k_x^2}{2m_e^*} \tag{1.10a}$$

$$E(\boldsymbol{k}) = E_V - E_{\mathrm{hn}} - \frac{\hbar^2 k_x^2}{2m_h^*} \tag{1.10b}$$

这样一来，只有一个方向有布洛赫波矢了，人们把此结构称为量子线。量子线的电子和空穴态密度与量子阱和体材料又有很大的不同，电子和空穴的态密度分别为：

$$N(E) \sim \sum_n \frac{1}{\sqrt{(E - E_C - E_{\mathrm{en}})}} \tag{1.11a}$$

$$N(E) \sim \sum_n \frac{1}{\sqrt{(E_V - E_{hn} - E)}} \quad (1.11b)$$

请注意，当 E 等于 $E_C - E_{en}$ 或者 E 等于 $E_V - E_{hn}$ 时，电子和空穴的态密度 $N(E)$ 会趋于无穷大，如图 1.25(a) 所示。与量子阱态密度的阶跃函数相比，量子线的趋于无穷大的态密度会使得导带边和价带边有更多的电子和空穴来参与发光，这个特性带来的发光效率和光增益比量子阱更加优越。

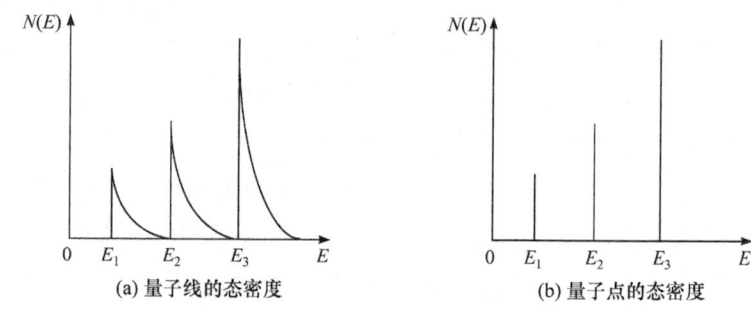

图 1.25　量子线、量子点的态密度与能量的关系曲线

另外，量子线的电子还有一个自由度，还存在一个维度的布洛赫波矢，电子在一个方向可以自由运动，当费米能级介于基态与第一激发态之间时，量子线里的电子形成了一个一维电子系统。很有意思的是，一维电子系统的电导 σ 是量子化的，是一个常量，由普朗克常数 h 和电子电荷 e 决定

$$\sigma = \frac{e^2}{h} \quad (1.12)$$

当费米能级覆盖更多的能级时，量子线的电子系统也组成了准一维电子系统，准一维电子系统的定义与量子阱

里准二维电子系统的定义完全相同。准一维电子系统的电导仍然是量子化的,当费米能级 E_F 介于第 n 激发态与第 $n+1$ 激发态之间时

$$\sigma = \sum_n \frac{e^2}{h} \theta(E_F - E_C - E_{en}) \tag{1.13}$$

这里 $\theta(E_F - E_{en})$ 是阶跃函数。量子线电导的量子化特性在电子介观物理(介于宏观与微观之间的尺度)和量子霍尔效应里有非常重要的学术价值。

再对量子线剩下的一个自由度进行量子限制,就成了量子点。量子点里不再有布洛赫波矢,电子和空穴在量子点里都是束缚的波函数,能级都是分立的,如图 1.25(b)所示。电子和空穴的能级分为

$$E(\mathbf{k}) = E_C + E_{en} \tag{1.14a}$$

$$E(\mathbf{k}) = E_V - E_{hn} \tag{1.14b}$$

实际上,量子点里 $E(\mathbf{k})$ 与 $\mathbf{k}$ 没有关系,因而,量子点里电子和空穴的态密度分别为

$$N(E) = \sum_n 2\delta(E - E_C - E_{en}) \tag{1.15a}$$

$$N(E) = \sum_n 2\delta(E_V - E_{hn} - E) \tag{1.15b}$$

这里 2 代表电子自旋的量子态,$\delta(x)$ 定义为 $\int_{-\infty}^{+\infty} \delta(x) \, \mathrm{d}x = 1$,当 x 等于 0 时,$\delta(x)$ 趋于无穷大,把分立与连续在数学里统一起来了。$\delta(x)$ 是由第 1.1 节里提到的相对论量子力学的奠基者狄拉克发明的,又称为狄拉克函数,δ 是 D 的拉丁写法,用以纪念狄拉克(Dirac)的贡献,在 $\delta(x)$ 刚刚被物理学家普遍使用的时候,数学家不认可这个古怪的

函数，现在数学家也接纳了，也在普遍使用。

需要说明的是，从电子和空穴的能态密度的角度来看，量子线和量子点比量子阱更加适合做半导体激光器和LED。但是，从半导体加工工艺的角度，量子线和量子点做出来的激光器性能远不如量子阱激光器。因为人们很难在微观纳米尺度制造出完美、重复性优异的量子线和量子点。单根量子线和单个量子点的发光强度太弱，没有实用价值。

现阶段量子计算方兴未艾，已经成为国际上研究的热点。量子计算的基础是量子调控，需要控制单个原子或者电子的行为。我国科学家也在此领域做出过重大贡献，中科院半导体研究所的郑厚植院士早在1985年发明了分立栅技术。人们在异质结二维电子系统的基础上，利用分立栅技术制备出了量子线一维电子系统，并验证量子线的量子化电导特性；利用分立栅技术也实现了量子点囚控单个电子，实现相邻量子点之间电子的量子纠缠，作为量子计算单元[12]。

1.5 二维电子系统的量子霍尔效应

100多年前，美国年轻的物理学家霍尔在测量均匀磁场下铝箔的导电特性的时候，意外地发现了在与电流和磁场都垂直的方向上存在一个电压，这个电压与电流强度和磁场强度都成正比，这个电压称为霍尔电压，这个现象称为霍尔效应。霍尔效应后来被发现是导电固体中的普遍现象，霍尔电压可以为正也可以为负。霍尔效应实际上是固体中的电子或者空穴在电场驱动下的运动感受到外界磁场的洛伦兹力而形成的。霍尔电压为正时，表明固体是空穴型(带正电荷)导电；霍尔电压为负时，固体是电子型(带负电荷)导电。霍尔电压与固体中的电流成正比，我们可以定义霍尔电阻为霍尔电压除以电流。因霍尔电压与磁场成正比，霍尔电阻也与磁场成正比。霍尔效应除了用来表征半导体材料的载流子特性外，还被广泛用于各类磁场传感器，已经形成了一个巨大的产业。因此，与磁场成正比增大的霍尔电阻概念深入人心。

20世纪70年代末，法国强磁场中心建成了能够达到5特斯拉(T)以上的强磁场，强磁场是把超导材料冷却到液氦温度出现超导状态的大电流线圈形成的，这样既有强磁场又有了液氦温度的低温环境。1980年法国强磁场中心对外开放，德国物理学家冯·克里青把硅MOSFET器件放在低温强磁场环境里测量其霍尔电阻与栅压的变化规律，这个实验里，磁场是固定不变的，随着栅压的增加，MOSFET沟道里的电子浓度会近似线性增加，霍尔电阻也应该会线性增加。但是，冯·克里青惊奇地发现霍尔电阻随栅压增加不是线性的，而是会出现一个一个的台阶状，并且相应的横向霍尔电导台阶是 $\frac{e^2}{h}$ 的整数倍，另外，在霍尔电导平台上，对应的纵向电导为零，只有在霍尔电导台阶的交界处，才有纵向电导，如图1.26所示。这个电导的量子化测量结果极为精确，可以达到 10^{-9} 以上的精度。冯·克里青把这个实验发现投稿到 *Physical Review Letters* 杂志的时候，编辑居然拒稿，直到冯·克里青的老师朗道维尔教授帮他修改，指出了对电导测量的精度可以达到 10^{-9} 以上，可以成为电阻标准，文章才被 *Physical Review Letters* 杂志接收发表。很显然，量子霍尔效应所包含的凝聚态量子物理的重要性远胜于电阻标准。两年后，贝尔实验室的华裔科学家崔琦、德国裔物理学家 Stömer 在调制掺杂的 GaAs/GaAlAs 异质结二维电子系统中，发现了分数量子霍尔效应，随后不久，斯坦福大学的 Laughlin 教授提出了分数电荷的概念唯象地解释了分数量子霍尔效应[13]。

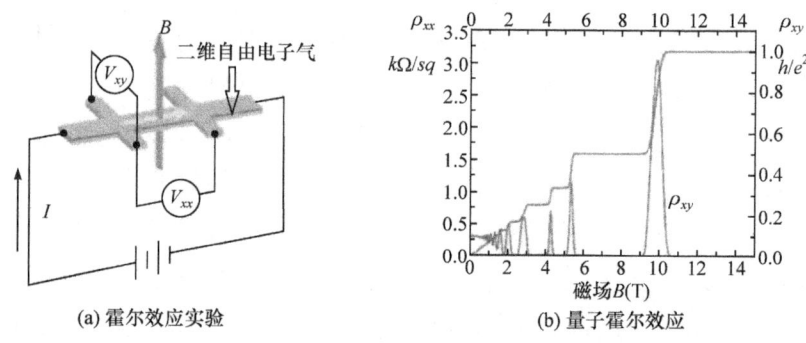

(a) 霍尔效应实验　　　　(b) 量子霍尔效应

图 1.26　量子霍尔效应实验示意图与霍尔电导测试曲线

分数电荷的形成涉及二维电子系统在极低温度下(低于 30mK)，电子、电子与声子之间的三体相互作用形成的准粒子，能够像粒子物理里的夸克一样带有分数电荷，我们在这里就不作讨论了。下面介绍整数量子霍尔效应背后的物理机理[13]。

第一，量子霍尔效应是一个二维效应，与材料体系无关，人们不仅在硅 MOSFET 中发现了量子霍尔效应(MOSFET 里的反型层也是一个典型的二维电子气系统)，还在其他材料体系的二维电子系统，如 GaAs/GaAlAs 异质结、石墨烯等，都观测到了量子霍尔效应。第二，整数量子霍尔效应只需要考虑二维电子系统里单个电子的运动特性，无需考虑电子与电子之间的相互作用，可以在相对较高的温度下(如液氦温区的 4.2K)观测到量子霍尔效应。第三，在进行霍尔电阻测量时，磁场总是垂直二维电子系统平面，二维电子在强磁场作用下，用经典语言，由于洛伦兹力会使得电子做圆周运动，频率 $\omega_c = \dfrac{eB}{m_e^* c}$。用量子力学语言，强磁场使电子的运动是局域的，而不是扩展的，使电子发生量子限制效应，形成了朗道能级，朗道能级之间的间距为 $\hbar\omega_c$。我们可以想象成二维电子系统在垂直的强磁场里布满了一个个量子点(上一节已经说明了量子点的能级都是分立的)，每一个量子点的能量又都是相同的，每一个朗道能级里可以容纳的电子状态数为 $\dfrac{eB}{hc}$，当磁场强度达到近 10T 时，每一个朗道能级所能够包含的状态数可以达到 $10^{11} \mathrm{cm}^{-2}$ 以上，电子的运动范围只有 5～10nm，远小于人们测量霍尔效应的样品的尺寸(通常大于 0.1mm)。照这个理解，人们应该不可能观测到霍尔电导，霍尔电导应该为零。然而，霍尔电导又是实实在在存在的，并且呈量子台阶状分布，我们需要寻找二维电子系统在强磁场作用下电子的扩展态，无论如何，只有扩展态才能对电导做贡献。

细心的读者可能会注意到，第 1.4 节介绍了量子线一维电子气的电导也是量子化的，准一维电子气的电导随费米能级的填充子能带呈现台阶状分布，这的确提供了寻找解释量子霍尔效应的线索。我们把目光转向霍尔器件的边缘，由于边缘界面的存在，电子会被散射，即使有强磁场的存在，电子无法做圆周运动，如图 1.27(a)所示，而是会沿着边缘形成准连续的边缘态，具有周期性平移对称性，其量子态对应扩展的波函数，电子在边缘态里运动可以用量子线的一维电子气的模型来描述，由于磁场的手性特征，纵向电导的正方向和负方向总是会相抵为零，而霍尔电导总是会存在，与一维电子气的量子化台阶电导一致。这里有两个现象还需要进行说明：第一，纵向电导在霍尔电导平台转变点附近时，由于朗道能级的填充效应，考虑到电子的自旋磁矩特性，手性特性会暂时打破，会先填充能量低的自旋状态，能够观测纵向电导。第二，霍尔电导的测量值可以精确到 10^{-9} 以上，Thouless 和他的学生 Halperin 将二维电子气的霍尔电导解释为一个拓扑不变量，正比于微分几何里的第一陈数(最早由我国数学家陈省身先生发现的)，从而各种各样的对样品的干扰都不会影响霍尔电导。Thouless 和 Halperin 由于凝聚态物理拓扑相变的发现而获得 2016 年诺贝尔物理学奖，Halperin 的主要贡献是解释二维电子气的霍尔电导的拓扑不变性。

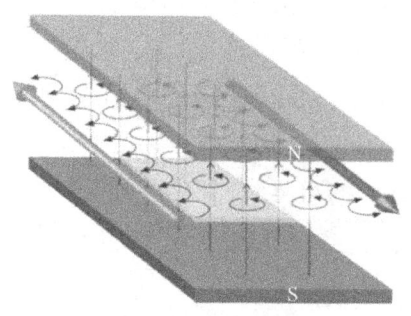
(a) 量子霍尔效应的唯象解释

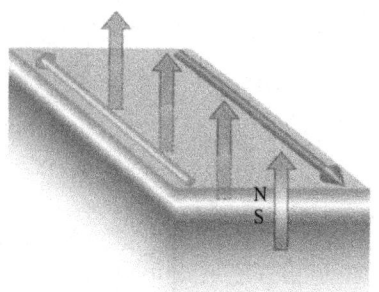
(b) 量子反常霍尔效应的图像

图 1.27 量子霍尔效应中电子在界面的散射

我们在这里总结如下：二维电子气在强磁场下，体内是不导电的，而是边缘态来参与导电，并且霍尔电导是一个拓扑不变量。人们立即想到，能否构造一个这样的导电系统，不需要强磁场，而是自己本身就具有这样的特性，这就是已故物理学家张守晟等提出来的拓扑绝缘体的概念，后由我国物理学家薛琪坤实验证实了，发现了无需强磁场的量子反常霍尔效应[14]，如图 1.27(b)所示。有兴趣的读者可以去进一步阅读相关文献[14]。

1.6 半导体超晶格的负微分电导效应及自发混沌振荡

超晶格从字面上来理解，就是在晶格上面做晶格，超晶格的基础是常规的晶格材料，比如 GaAs 晶体或者 GaAlAs 晶体。比如，最常见的超晶格的每一单元(超晶格的元胞)为 GaAs/GaAlAs 异质结，我们把这种 GaAs/GaAlAs 异质结重复 50 次或者 100 次，使得这种多层 GaAs/GaAlAs 异质结构具备了周期性和平移对称性，这就是超晶格。需要说明的是，超晶格仍然需要在原子半径尺度内保持严格的周期性平移对称性，把基础晶格材料的周期性平移对称性保持了，在第 1.4 节里以有效质量为基础的薛定谔方程仍然可以用来求解超晶格的电子态特性。对异质结的尺度也有要求，必须小于电子的德布罗意波长，这样超晶格里会发生很多量子力学效应。以异质结为基础的超晶格就可以复现第 1.1 节里描述的数目很大的有限深势阱之间波函数耦合形成的能带等特征。超晶格、量子阱这些概念和实验就能够复现我们在大学里做过的量子力学习题的结论。

半导体超晶格分为两大类,第一类是日本裔物理学家江崎和华裔物理学家朱兆祥于 1970 年提出来的,称为强耦合超晶格。江崎和朱兆祥希望利用这类超晶格来实现更高速的微波振荡,超越 1960 年代发现的 Gunn 微波二极管的性能。基本原理就是通过超晶格效应把半导体材料的布里渊区减小,超晶格的周期通常为几十个原子层厚,把布里渊区减小为几十分之一,导带宽度从电子伏特(eV)量级裁减为几十毫电子伏特(meV),称为微带(miniband)。在电子的弛豫时间内,施加的外电场能够把电子从导带底搬运到微带顶附近,在微带附近电子的有效质量为负(根据有效质量的定义, $\frac{1}{m_e^*} = \frac{\partial^2 E(\boldsymbol{k})}{\partial k^2}$),电子在电场作用速度反而会减小,引起负微分电导效应。一旦器件被偏置在负微分电导效应状态,器件电流电压特性就是不稳定的,会引起自激振荡,这就是典型的非线性电导效应。令人遗憾的是,Gunn 微波二极管和江崎与朱兆祥提出的超晶格微波器件都是二端器件,使用起来远不如于 1990 年代兴起的 HEMT 和 HBT 三端器件方便,连在 1980 年代以前大规模使用的 Gunn 微波二极管都被 HEMT 和 HBT 彻底取代。超晶格微波器件仅仅起到了催生婆的作用,就是超晶格概念提出来以后,促进了分子束外延(MBE)和金属有机化学气相沉积(MOCVD)两种材料生长技术的发展进步,促使人们又发明 HEMT 和 HBT 高速微波器件,成为今天移动通信领域基站和终端的核心元器件之一。后面会有专门的章节来详细介绍 HEMT 和 HBT 器件的工作原理。

还有另一类超晶格是苏联物理学家 Kazarinov 和 Suris 于 1972 年提出来的，称之为弱耦合级联共振隧穿超晶格，希望利用这类超晶格来实现单载流子的半导体激光发射，是今天已经大规模使用的 Cascade 激光器最早雏形。但是，Kazarinov 和 Suris 的超晶格无法实现激光激射所需要的粒子数反转。直到 1992 年，Faist 和 Capasso 在超晶格中引入了光学声子辅助级联共振隧穿效应，从而实现了三能级模型的粒子数反转和在红外波段的单载流子半导体激光发射。后面会有专门的章节来详细介绍 Cascade 激光器的工作原理。

弱耦合级联共振隧穿超晶格也能够实现负微分电导效应。弱耦合超晶格实际上就是多量子阱结构，量子阱之间的势垒相对较厚，通常为几十个单原子层厚，即使相邻量子阱之间的波函数耦合也非常小。但是当相邻量子阱之间能级对齐的时候，电子能够隧穿通过势垒进入相邻的量子阱。在这种情形下，电子的隧穿过程既满足能量守恒，也满足波矢守恒，这时候电子穿越势阱的几率最大，因而称为共振隧穿。当通过外加电场等手段使得相邻量子阱之间的能级不对齐的时候，无法同时满足能量守恒和波矢守恒，电子穿越势垒的几率理论上将为零。但是，由于半导体中还有无处不在的声子存在，会发生声子辅助隧穿，称为非共振隧穿效应。非共振隧穿的几率比共振隧穿几率要小很多。由于外加电场能够调节相邻量子阱之间的能级由不对齐到对齐再到不对齐，相邻阱之间发生非共振隧穿到共振隧穿，再到非共振隧穿。相应地，电场使得电子穿越势垒的几率增加到一个极大值，然后再下降。因而共振隧穿会导致外加电压增加，电流反而减小，这就是负微分电导效应。后面还会有专门的章节介绍共振隧穿器件的工作原理。

如图 1.28 所示，如果弱耦合超晶格中量子阱有两个或者两个以上的能级，对超晶格施加外界电压，在特定的偏置电压下，相邻两个量子阱之间，左边量子阱里的基态能级与右边量子阱里的第一激发态能级对齐，电子由左边量子阱的基态能级通过共振隧穿效应穿越势垒层达到右边量子阱的第一激发态，然后通过发射光子(Kazarinov 和 Suris 提出的发光机制)或者声子，到达右边量子阱的基态，又通过共振隧穿至相邻量子阱的第一激发态，然后，通过发射光子或者声子弛豫到基态，这就是弱耦合超晶格的级联共振隧穿(Sequential Resonant Tunneling)的基本物理过程。当超晶格里的掺杂浓度非常低，电流非常小的时候，每一个量子阱都可以看成是一个孤立的系统，外加电压可以均匀地分配给每一个量子阱。人们可以在弱耦合超晶格的 I-V 特性曲线上看到电流峰，如图 1.29 所示，其中靠近零电压附近的电流峰对应于相邻量子阱基态能级之间的共振隧穿，电压大一些的第二个电流峰对应于相邻量子阱之间基态能级与第一激发态之间的级联共振隧穿。甚至还可以观测到相邻量子阱之间基态能级与第二激发态之间的级联共振隧穿。每个电流峰的右侧实际上就是负微分电导区。

实际上，弱耦合超晶格中每个量子阱中电子浓度、电场强度和隧穿几率都是独立的自由度，由于级联共振隧穿效应导致的负微分电导，使得弱耦合超晶格成为一个多自由度的强非线性系统。如果超晶格里由 100 个量子阱组成，自由度可以达到 300 个以上。如果超晶格里量子阱掺杂浓

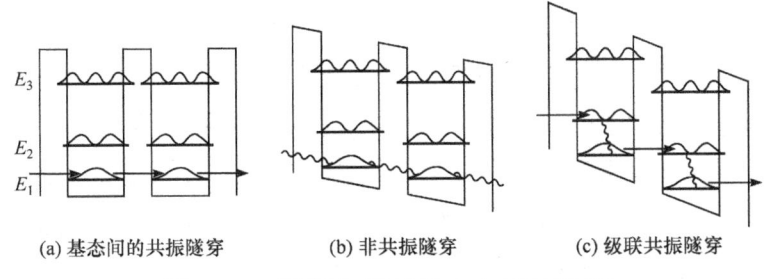

(a) 基态间的共振隧穿　　(b) 非共振隧穿　　(c) 级联共振隧穿

图 1.28　弱耦合超晶格中电子的隧穿

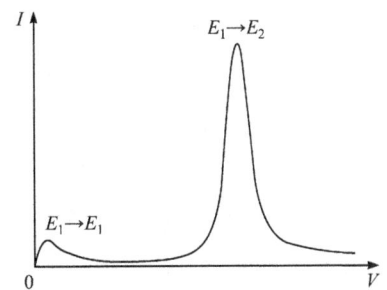

图 1.29　弱耦合超晶格的 I-V 特性曲线

度较高，直流偏置下大电流密度使得超晶格具备非平衡非线性耗散特性，使得很多自由度会被同步掉，出现自组织行为。1974 年江崎和华裔科学家张立纲博士实验发现了超晶格电场畴现象，超晶格里电场不会均匀分布，分为两个区域，如图 1.30 所示，低电场区域对应于相邻量子阱基态能级之间的共振隧穿，高电场区域对应于相邻量子阱之间基态与第一激发态能级之间的级联共振隧穿，电场畴的交界处只有一个量子阱，量子阱里会存在空间电荷区(会积累电子)以满足电场的高斯定律，这是人们发现的第一个超晶格效应。1990 年德国 Max-Planck 研究所的 Grahn 博士利用光致发光谱的方法直接证明了超晶格中电场畴的存在。

1994年密西根大学的 Merlin 教授和他的博士生郭思豪发现了超晶格里中掺杂浓度相对不是很高的时候，即使在直流偏置下，畴的边界也会随时间发生周期性来回移动，使得电流发生周期性振荡，频率范围由几十 MHz 到 GHz。1995年，笔者本人(张耀辉)在德国 Paul-Drude 固体电子研究所做博士后期间，发现了直流偏置下掺杂弱耦合超晶格中电流的自发混沌振荡，需要说明的是，这些现象只有在液氦温区或者液氮温区才能观测到[15]。后来，零零星星有一些课题组从事这方面的研究，但是，由于缺乏应用需求驱动，超晶格研究基本上处于蛰伏状态。

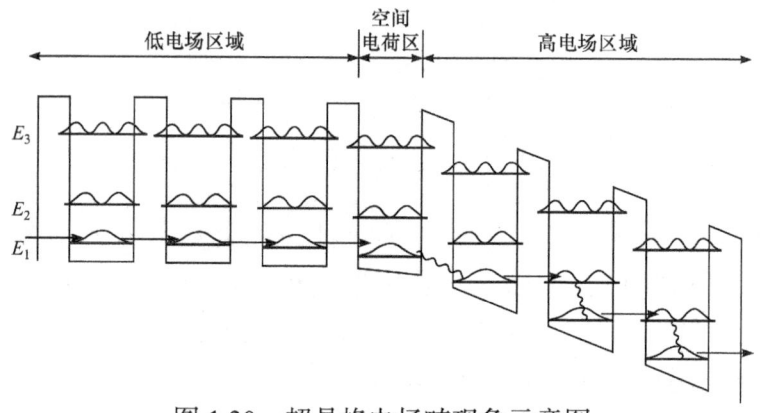

图1.30 超晶格电场畴现象示意图

2007年笔者张耀辉加入中科院苏州纳米所后，受到北方信息技术研究所的点拨，超晶格电流的自发混沌振荡可以作为噪声源，为物理随机数发生器提供优质的物理熵源，物理随机数序列就是密码学里的密钥。物理随机数发生器是密码工程里最核心的部件。笔者张耀辉在中科院苏州纳米所经过5年的奋斗，在室温下也发现了超晶格自发混沌振荡，研制出来了能够商业化的物理随机数发生器[16]。利用超晶格的非线性电导特性，发现了超晶格器件具有强PUF(Physical Unclonable Function，物理不可克隆函数)功能，为低成本的密钥协商分发提供了一条新的可行途径。室温超晶格效应还导致了很多令人称奇的现象，如国防科大的邵铮铮博士(笔者学生)等发现的射频随机共振现象，能够对淹没在噪声里的射频信号进行被动锁相放大，从而具备了负噪声系数的微弱信号放大器功能。有兴趣的读者可以去读相关的文献[17]。

需要说明的是，实现室温下的超晶格效应是超晶格器件走向应用的关键。在笔者张耀辉发现室温超晶格混沌效应之前，大家普遍认为 GaAs/AlAs 超晶格应该具有最好的高温性能，因为 GaAs/AlAs 量子阱的势垒高度可以达到 1.0eV 以上。大约在 2011 年，笔者查阅了中科院半导体所夏建白院士于 1990 年发表的论文，GaAs/AlAs 超晶格的异质界面会发生 Γ-X 能态混合，实际上 GaAs/AlAs 超晶格能够抑制热载流子的势垒很低，只有不到 0.1eV，远低于大家所认为的 1.0eV。笔者采用 GaAs/Ga$_{0.55}$Al$_{0.45}$As 超晶格，把抑制热载流子的有效势垒提高到了 0.35eV，从而实现了室温超晶格效应[18]。

1.7 玻色-爱因斯坦凝聚和宏观量子现象

前面的介绍都是把电子当作单个粒子来考虑，用平均场近似把固体中电子与电子之间的相互作用、电子与晶格之间的相互作用都包括在薛定谔方程中的势场项 $V(r)$ 里，更进一步把导带底的电子和价带顶的空穴简单地认为是自由电子气和空穴气，把势场项 $V(r)$ 的效应用有效质量来包括，电子和空穴的运动跟在自由空间的经典运动相似。尽管固态器件里包含有数目巨大的电子运动，宏观上测量到的电流参量认为是所有电子准经典运动的简单相加。固体电子运动的平均场近似及进一步简化的有效质量近似，在半导体器件物理取得了巨大的成功，是几乎所有微电子器件、光电子器件工作原理的基础。即使量子霍尔效应，也是在单电子平均场近似下，能够得到圆满的解释。

所谓的宏观量子现象就是整个宏观系统对应于一个量子态。激光就是宏观量子现象，所有的光子都具有相同的相位、偏振方向、频率等。或者可以这样说，光子是玻色子，所有的光子都占据同一个量子态，这是激光之所以有别于其他光源的根本原因。电子是费米子，需要遵守泡利不相容原理，多电子系统是不可能填充在同一量子态上的，也不可能出现宏观量子现象。我们这是假设电子是以单粒子状态出现。在固体中由于大量的电子存在，电子浓度实际上很高，再加上电子与晶格之间的相互作用，在一些特殊情形下，平均场近似的单粒子态处理是不够的，需要考虑电子之间的关联。这种关联就可能把单个电子的费米子特性转变为多个电子集体状态的玻色子特性，这样电子也会发生玻色-爱因斯坦凝聚，出现宏观量子现象，比如超导现象。另外，液氦超流也是费米子集体状态发生玻色-爱因斯坦凝聚的范例。

超流现象也是一种宏观量子现象，人们最早发现了液氦超流，常规的液氦是 He^4 同位素，是玻色子，当温度冷却到 2.17K，就会发生玻色-爱因斯坦凝聚，所有的 He^4 同位素原子都占据最低的量子态，形成超流态。He^4 超流是由苏联物理学家卡皮查于 1937 年发现的。He^4 同位素是由 2 个质子和 2 个中子外加两个核外电子组成。尽管质子、中子和电子都是自旋为1/2 的费米子，但是，它们组成的 He^4 同位素却是自旋为零的玻色子。He^3 同位素是由 2 个质子和 1 个中子外加两个核外电子组成，它们组成的 He^3 同位素却是自旋为1/2 的费米子，理论上应该不会出现玻色-爱因斯坦凝聚，但是在 1972 年，Oscherov，Richardson，Lee 等人在接近 1mK 温度时也发现了 He^3 超流(远低于 He^4 的超流温度)。人们发现，尽管单个 He^3 同位素原子是自旋为1/2的费米子，两个自旋方向相同 He^3 同位素原子配对，自旋为 1，轨道角动量为 1，形成所谓的 p 重态。这样配对的两个 He^3 同位素原子对也是玻色子，也可以去占据最低的量子态，发生玻色-爱因斯坦凝聚，形成 He^3 超流态。

　　超导态也是一种宏观量子现象。尽管电子是费米子，超导体中的电子也可以通过配对来形成玻色子，称为库珀对，当温度低于超导体的临界温度时，库珀对发生玻色-爱因斯坦凝聚，形成超导态。这时所有的库珀对都是占据同一个量子态，整个超导体就是一个状态。苏联物理学家朗道提出了序参量来表征超导体的这个状态，这个序参量满足金兹堡-朗道方程，序参量等同于量子态的波函数，也可以称之为超导态的宏观波函数。英国年轻的物理学家约瑟夫森在读博士研究生期间，利用描述超导体的宏观波函数研究超导体-超薄绝缘层-超导体三明治结构的导电特性，这种结构后来被称为约瑟夫森结。人们在约瑟夫森结里发现了许多令人惊奇的现象，后面的章节会专门描述约瑟夫森结，现有的量子计算机基本上都是利用约瑟夫森结来制备量子比特。

在约瑟夫森结里实验发现电子的确是以配对的形式隧穿通过绝缘层，磁通量子也比半导体里量子霍尔效应小一半，这都证明了库珀对的概念是正确的。人们可能会要问，电子如何形成库珀对？回答好了这个问题，就是回答好了超导机理。早在1956年，著名物理学家巴丁(Bardeen)、库珀(Cooper)和施立弗(Schrieffer)提出了超导的BCS理论，能够解释金属超导体库珀对形成机理。超导体的库珀对是由两个自旋方向相反的电子配对而成，自旋为0，轨道角动量为0，形成所谓的S波配对。由于电子带电荷，互相排斥，库珀对里的电子实际上会有相互吸引力，使得库珀对的能量比两个自由电子还要低，这个能量差，称为超导能隙。超导能隙越大，超导性能越好，也就是说超导的临界温度越高。BCS理论认为：库珀对里电子之间的吸引力来自电子与晶格之间的相互作用，电子在晶格里运动，会引起电子所处周边晶格的畸变，就像小铁球在沙发上滚动一样，当两个电子相互靠近时，晶格畸变会使电子之间产生吸引力，电子越靠近，吸引力越强，直至与电子之间的库伦排斥力达到平衡。当高于临界温度时，晶格自身的振动会破坏这种吸引力，无法形成库珀对。

尽管BCS理论解释液氮温区的氧化物超导体的机理不是很成功，氧化物超导体里电子库珀对形成机理到现在还不清楚，很有争议，但是，电子库珀对的玻色-爱因斯坦凝聚仍然是氧化物超导体出现超导特性的根本原因。早在1986年液氮温区的氧化物超导体发现的第二年，南京大学的吴培亨教授就发现了氧化物超导体的约瑟夫森效应，也证实了超导电流以电子库珀对的形式隧穿通过绝缘层。

固体中也可以出现不同的粒子集合把费米子变成玻色子，发生玻色-爱因斯坦凝聚，出现宏观量子现象。宽禁带半导体激光器就可以采用一种有别于常规的增益介质在谐振腔中光放大的激射方式来实现。如果半导体中导带底电子与价带顶空穴同时出现，因电子带负电，空穴带正电，电子与空穴因库伦相互作用，形成类氢原子束缚态，称为激子效应。激子效应在半导体光吸收或者光发射时会出现。宽禁带半导体都有很强的激子效应，激子的束缚能可以超过 30 meV，宽禁带半导体如 GaN 或者 ZnO 能够在远高于室温的环境下观测到激子效应，电子-空穴对的发光都是激子复合发光。尽管电子和空穴都是费米子，由电子和空穴组成的激子却是玻色子。由电子空穴组成的激子存在极化电场，能够与光子发生耦合，一个激子复合发出来的光子会与另一个激子极化场发生共振耦合，形成一种新的元激发，称激子极化激元，也是一种准粒子，这种准粒子是由一个电子、一个空穴和一个光子组成的三粒子集合体，英语称为 Exciton Polariton (Polariton 最早由黄昆先生于 20 世纪 40 年代末提出来的概念，当时是为了描述光学声子与电磁波的耦合，后来，人们将此概念推广到固体中所有准粒子极化场与电磁场的耦合)。激子极化激元当然也是玻色子，也会发生玻色-爱因斯坦凝聚。因为宽禁带半导体发射光子能量非常大，激子束缚能也非常大，室温环境对于激子极化激元而言，也是相对极低的温度，室温下也会发生玻色-爱因斯坦凝聚，出现如上面介绍的宏观量子现象，所有的激子极化激元都具有相同的量子态,从而实现激子极化激元的激光激射[19]。有兴趣的读者可以进一步去阅读相关文献。

参 考 文 献

[1] 曾谨言. 量子力学教程(第四版). 北京: 科学出版社, 2007.
[2] Young T. Experiments and calculations relative to physical optics. Proceedings of the Royal Society of London, 1800, 1: 131-132.
[3] Landau L D, Lifshitz E M. Quantum mechanics: Non-relativistic theory. New York: Elsevier, 2013.
[4] Fiete G A, Heller E J. Colloquium: Theory of quantum corrals and quantum mirages. Reviews of Modern Physics, 2003, 75(3): 933-948.
[5] 姜恩永, 刘明升. 磁性量子隧道效应. 磁性材料及器件, 1994, 25(2): 53-58.
[6] 谢希德. 固体能带理论. 上海: 复旦大学出版社, 1998.
[7] Blum W, Dürr H P, Rechenberg H. Original scientific papers/wissenschaftliche originalarbeiten. Berlin: Springer Berlin Heidelberg, 1985: 580-597.
[8] 张三慧. 空穴导电是怎么回事. 物理与工程, 2004, 14(4): 6-9.
[9] 刘恩科, 朱秉升, 罗晋生. 半导体物理学(第七版). 北京: 电子工业出版社, 2008.
[10] 廉正刚, 娄淑琴. 光子晶体光纤催化中国光纤产业. http: //www. iccsz. com/site/cn/News/2015/12/09/20151209073707585987. htm[2015-12-09].
[11] Pendry J B. Negative refraction makes a perfect lens. Physical Review Letters, 2000, 85(18): 3966-3969.
[12] Zheng H Z, Wei H P, Tsui D C, et al. Gate-controlled transport in narrow GaAs/Al$_x$Ga$_{1-x}$As heterostructures. Physical Review B, 1986, 34(8): 5635.
[13] 中国科学院. 中国学科发展规划: 半导体物理学进展. 北京: 科学出版社, 2020.
[14] Chang C Z, Zhang J, Feng X, et al. Experimental observation of the quantum anomalous hall effect in a magnetic topological insulator. Science, 2013, 340(6129): 167-170.
[15] Zhang Y, Kastrup J, Klann R, et al. Synchronization and chaos induced by

resonant tunneling in GaAs/AlAs superlattices. Physical Review Letters, 1996, 77(14): 3001.
[16] Li W, Reidler I, Aviad Y, et al. Fast physical random-number generation based on room-temperature chaotic oscillations in weakly coupled superlattices. Physical Review Letters, 2013, 111(4): 044102.
[17] Shao Z, Yin Z, Song H, et al. Fast detection of a weak signal by a stochastic resonance induced by a coherence resonance in an excitable GaAs/Al$_{0.45}$Ga$_{0.55}$As superlattice. Physical Review Letters, 2018, 121(8): 086806.
[18] Huang Y Y, Li W, Ma W Q, et al. Experimental observation of spontaneous chaotic current oscillations in GaAs/Al$_{0.45}$Ga$_{0.55}$As superlattices at room temperature. Chinese Science Bulletin, 2012, 57(17): 2070-2072.
[19] 张龙, 陈张海. 激子极化激元光子学研究进展. 中国科学: 物理学 力学 天文学, 2021, 51(3): 17-29.

第 2 章 量子电子器件

量子电子器件利用量子效应实现了丰富的功能，是重要的一类信息电子器件。基于半导体体系的量子电子器件主要有高迁移率晶体管(HEMT)、异质结双极晶体管(HBT)和隧穿二极管等，其机理和结构已被系统研究并广泛应用。近年来，基于各种量子态的信息载体被不断应用于新型量子电子器件，如自旋量子器件，它利用电子的自旋属性而非电荷属性来实现信息操作，大幅降低功耗并提升性能和集成度；基于约瑟夫森效应的超导隧道结器件，其电流相位对电磁等外场极其敏感，且具有高度的电感非线性，已在量子探测、量子计算等领域显示出重要应用前景。这里，介绍目前已获实际应用的主要量子电子器件。

2.1 高迁移率晶体管(HEMT)

高迁移率晶体管(HEMT)[1]，是一种半导体异质结场效应晶体管，又称调制掺杂场效应晶体管(MODFET)、二维电子气场效应晶体管(2-DEGFET)、掺杂异质结晶体管(SDHT)等。通过两种半导体异质结的量子限域在未掺杂一侧产生二维电子气(2DEG)，获得超高迁移率从而大幅提高器件速度。自 1980 年由日本富士通公司开发了第一个 GaAs/n-Al$_x$Ga$_{1-x}$As HEMT 以来，已在无线通信基站、雷达、汽车电子等高频高功率的场景得到了广泛应用。

HEMT 的基本结构是异质结，在一侧宽禁带半导体材料中掺杂，载流子扩散到了未掺杂的窄禁带层，在界面处形成了沟道。沟道区域的载流子在输运中避免了掺杂元素的电离杂质散射，仅有晶格振动散射，从而大大提高迁移率[2,3]。以 GaAs 体系 HEMT 结构为例，300K 异质结界面迁移率典型值为 $10^4 \mathrm{cm}^2/(\mathrm{V}\cdot\mathrm{s})$，77K 下迁移率达到 $2\times10^5 \mathrm{cm}^2/(\mathrm{V}\cdot\mathrm{s})$。

HEMT 中常见的结构为 AlGaAs/GaAs，AlGaAs/InGaAs，InAlAs/InGaAs 和 GaN/AlGaN 体系等[4]，器件基本结构如图 2.1 所示。

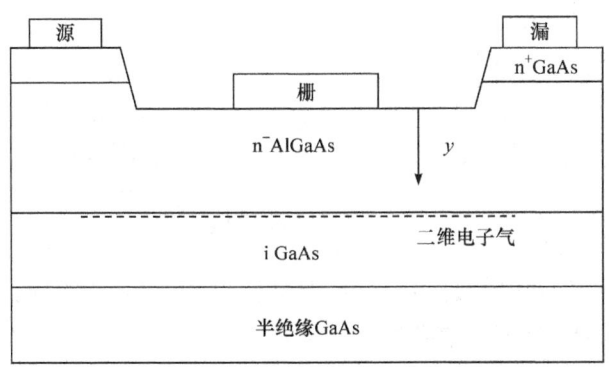

图 2.1 AlGaAs/GaAs 体系 HEMT 器件结构

图 2.1 所示为基于 AlGaAs/GaAs 体系的 HEMT 基本结构，AlGaAs 是掺杂的，而作为沟道层的 GaAs 是未掺杂的，源漏接触层 n$^+$GaAs 一般通过离子注入实现，高掺实现欧姆接触。在器件工作状态下，掺杂产生的载流子主要在未掺杂的 GaAs 界面输运，形成二维电子气，避免了杂质散射。

在 AlGaAs/GaAs 体系中，Al 原子会造成深能级，成为载流子的陷阱中心，从而影响载流子输运。为了解决这个问题，提出了 InGaAs 沟道 HEMT，其器件结构如图 2.2(a) 所示。在 InGaAs/GaAs 异质界面存在大约 1% 的晶格失配，而当 InGaAs 层足够薄(20nm)，就可以吸收所有的应力而压缩。这一层称为"应变层"或"赝配层"。这种结构的 HEMT 称为"赝配 HEMT"(PHEMT)。相比 GaAs 沟道层，PHEMT 中的 InGaAs 层二维电子气的电子迁移率和饱和速率都有提高，从而工作频率更高。

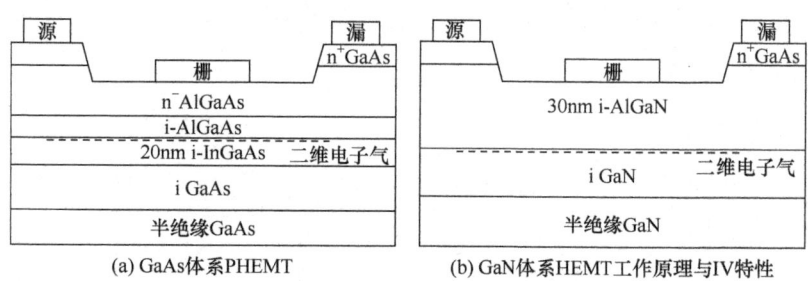

图 2.2　器件结构

GaN 体系也已用于 HEMT 器件，其器件结构如图 2.2(b) 所示。GaN 具有宽的禁带宽度，高的击穿电压和热导率，同时势垒层无需故意掺杂就可实现沟道的二维电子气，这是由于自发极化导致。GaN 体系 HEMT 具有高跨导、高饱和电流、高线性度、高功率密度以及高截止频率的优异特性，已在汽车、航空、移动通信基站和相控阵雷达等军民用领域广泛应用。随着制造工艺不断改进和制造成本下降，GaN 体系 HEMT 器件将取得越来越广泛应用。

这里以 AlGaAs/GaAs HEMT 为例进行说明，其异质结构中形成的能带结构如图 2.3 所示。由于异质结面的势垒，电子被限制在 GaAs 侧的三角形势阱中，宽度大约 10nm。在该势阱中，载流子形成二维电子气，其垂直于表面方向势阱宽度很小，能量量子化，平行于表面方向电子几乎自由运动。HEMT 通过栅极电压来控制势阱的深度和宽度，从而通过改变二维电子气的浓度控制沟道电流[4]。

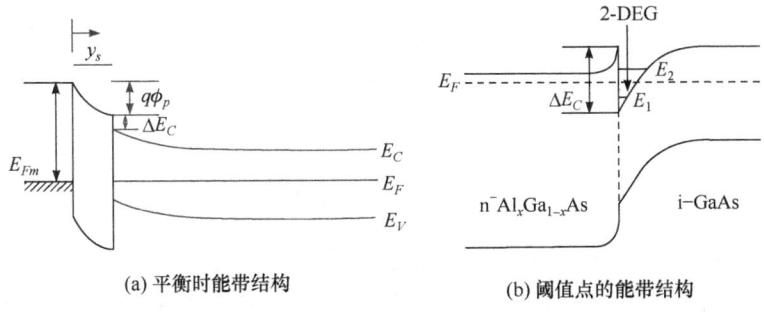

(a) 平衡时能带结构   (b) 阈值点的能带结构

图 2.3　AlGaAs/GaAs 增强型异质结 HMET 能带结构

图 2.4 为增强型 HEMT 的输出特性曲线。与 MOSFET 器件类似，随着偏压增大，增强型 HEMT 的输出特性存在线性区，非线性区和饱和区三个阶段，以下结合图 2.3 中能带关系，分析每个阶段的物理过程。图 2.3(a)为平衡时 AlGaAs/GaAs 增强型异质结 HEMT 的能带结构，与常关型 MOSFET 类似。当栅压增大至在界面即将形成三角势阱产生二维电子气，E_C 和 E_F 平齐，这时栅压为阈值电压。若加上小的漏电压，载流子即从漏极通过二维电子气沟道到达源极，漏极电流正比于其偏置电压，即为图 2.4 中的线性区。

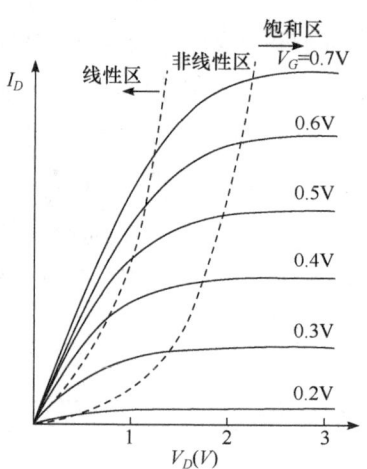

图 2.4 增强型 HEMT 输出特性

随着漏极电压增加，对于漏极区的载流子，同时受栅压调制和漏极电势的影响，靠近漏极端的沟道层电荷随着沟道电势的增加而减小，电流偏离了线性区域，对应图 2.4 中的非线性区。

随着漏极电压的进一步增大，漏极端的电荷浓度几乎降到零，也就是说，在漏极端，导带底高于了费米能级，三角形势垒消失，从而二位电子气导电沟道出现断点，和 MOSFET 中相同，这个点称为夹断点。漏极电压进一步增大，夹断点向源极移动，由于夹断点处的电势保持不变(因为夹断点处的能带保持不变)，所以从源极到夹断点处的电势差保持不变，因此所通过的载流子数目保持不变，即源极到漏极的电流保持不变。这就是图 2.4 中饱和区的来源。

2.2 异质结双极晶体管(HBT)

异质结双极晶体管(HBT)属于半导体双极晶体管(BJT)的一种，它的发射区和基区采用了不同半导体材料，发射结为异质结[5,6]。HBT 具有更好的高频信号特性和基区发射效率，可在高达数百 GHz 下工作，已广泛应用于高速电路、射频系统和移动通信等。

如图 2.5 为一个典型的 HBT 器件结构，其设计原理为在基区掺杂减小能带宽度，使发射区到基区跨越的势垒高度降低，提高发射效率，进而提高了电流放大系数。在满足一定放大系数的前提下，基区可以重掺杂，且较薄，有效减少了载流子的基区渡越时间，从而提高器件的截止频率，这正是异质结在超高速，超高频器件中的优势所在。HBT 是纵向结构的三端器件，发射区采用轻掺杂的宽带隙半导体材料(如 GaAs、InP)，基区采用重掺杂的窄带隙材料(如 AlGaAs、InGaAs)。ΔE_g 的存在允许基区比发射区有更高的掺杂浓度，降低了基极电阻，减小发射极—基极电容，从而具有高频、高速、低噪声的性能特点。由于 $\Delta E_g>0$、且有一定的范围，所以电流增益也很高，一般直流增益可达到 60 以上。尤其是，用 InGaAs 作基区，除了能得到更高的电子迁移率外，还有较低的发射极—基极开启电压和良好的噪声特性。它的阈值电压严格地由 ΔE_g 决定，与普通 FET 的阈值电压由其沟道掺杂浓度和厚度决定相比，HBT 容易控制、偏差小且易于大规模集成，这也是 HBT 重要的特点。HBT 的能带间隙在一定范围内可以任意地进行设计。

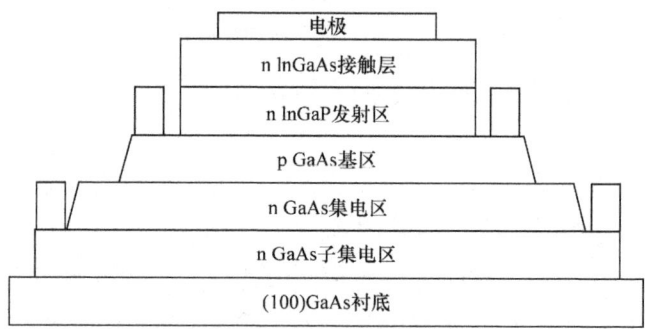

图 2.5 GaAs 基 HBT 器件基本结构

2.2.1 HBT 器件结构与工作原理

HBT 在工作原理上和 Si-BJT 基本相同,但是在材料系统和能带特点上有很大区别。如图 2.6,HBT 的发射极采用宽禁带半导体,基极和集电极采用窄禁带半导体。正因为发射极材料和基极材料的禁带宽度不同,HBT 在异质界面处存在着导带和价带的不连续性。价带不连续阻挡基区空穴向发射区反向注入,实现了 HBT 的电子注入效率和电流增益的大大提高。GaInP/GaAs HBT 的电流增益可以达到 320,而典型掺杂的 Si-BJT 电流增益小于 100。与 Si-BJT 相比,HBT 主要使用化合物材料,具有更大的禁带宽度和

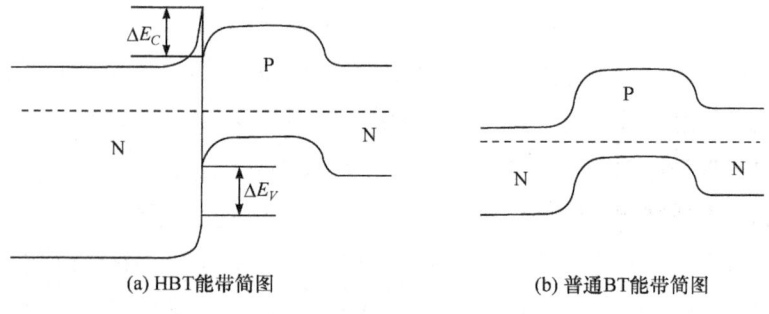

(a) HBT能带简图   (b) 普通BT能带简图

图 2.6 HBT 和普通 BT 能带结构对比

更高的电子迁移率与饱和速率,显示出很高的开关速度和截止频率。典型掺杂的 InGaAs/InP HBT 的截止频率可以达到 170GHz。而且 HBT 集电区材料的禁带宽度大,可以提高反向击穿电压,从而增大输出功率。

由于价带不连续阻挡基区空穴反向注入,在基区的掺杂浓度很高时,HBT 仍然能够保持很高的电流增益。因此,通常采用提高基区的掺杂浓度,降低发射极的掺杂浓度设计方案。典型 HBT 的基区掺杂浓度在 10^{19}cm^{-3} 量级,发射区掺杂浓度在 10^{17}cm^{-3} 量级,这样的掺杂特点与 Si-BJT 正好相反。基区高掺杂和发射区低掺杂的特点可以进一步完善和提高 HBT 的性能:基区高掺杂可以大大减小基区电阻,使基区变薄以减少了电子的渡越时间,从而提高 HBT 的开关速度和最高振荡频率,并可以减弱基区宽度调制效应,降低谐波失真。此外,发射极掺杂浓度降低减小了单位面积的结电容,从而降低 HBT 的噪声。

2.2.2 HBT 输出特性与性能参数

HBT 的导带和价带不连续结构调制了电子和空穴传输过程,导带不连续阻挡发射区的电子向基区注入,价带不连续阻碍空穴由基区向发射区注入。电子和空穴在异质界面处面对的势垒不同,电子势垒为 $(qV_D - \Delta E_C)$,空穴势垒为 $(qV_D + \Delta E_V)$,由于空穴势垒比电子势垒高出很多,因此异质结电流主要是电子流,空穴流则很小。基于异质界面处价带的不连续结构,即使基区的掺杂浓度很高,HBT 仍然可保持很高的注入效率,且 ΔE_V 越大,电子注入效率越高。

如图 2.7 为单异质结 HBT 和双异质结 HBT(DHBT)的 IV 输出曲线。双异质结 HBT 的集电极导带峰阻挡电子电流由基区向集电区注入，使 IV 输出特性变差。而单异质结 HBT 的集电区材料和基区材料相同，集电极不存在导带峰，所以 IV 输出特性良好。

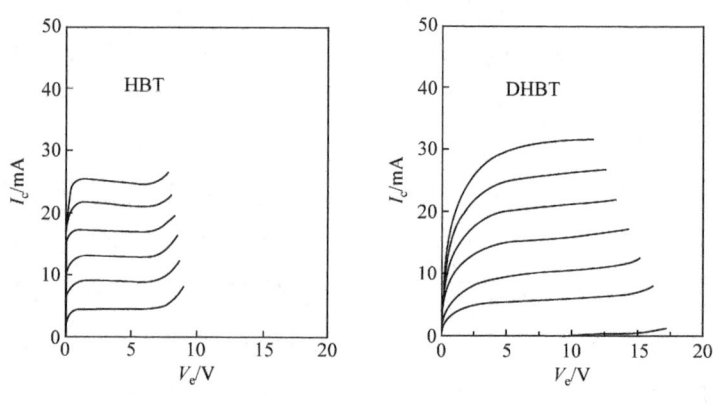

图 2.7　HBT 和 DHBT 的输出曲线

I-V 输出特性变差会减少 DHBT 的电压输出范围(饱和电压与反向击穿电压之间的范围)，并降低最大输出功率。为改善 I-V 输出特性，DHBT 常采用复合集电板结构，即在集电极加入 N^+ 层。N^+ 层可以降低集电极的导带峰，并改善 DHBT 的 I-V 输出特性。但是采用复合集电极时，DHBT 的寄生电阻和电容增大，频率性能降低。B-C 结的反向电压击穿由雪崩效应引起，分为"硬击穿"和"软击穿"两种情况。室温时发生"硬击穿"，在"硬击穿"发生前 B-C 结反向漏电流几乎保持不变，而一旦击穿发生，B-C 结反向漏电流随反向偏压的提高以指数形式迅速上升。"软击穿"发生在高温时，B-C 漏电流在发生"软击穿"前就开始增大，并在击穿发生后快速上升，但上升速度要小于发生硬击穿时的速度。反向击穿电压与集电区材料禁带宽度成正比，为提高反向击穿电压，HBT可以选用宽禁带的材料系统或采用双异质结构。

HBT具有良好的温度特性，其温度传感器可以达到很高的精度。HBT器件还被用来制成射极耦合逻辑器件，运用于数字系统。在现代集成电路技术中，还把HBT与MOSFET相结合，结合两者各自的性能特点构成BiMOS电路，获得了越来越多的应用。

2.3 量子隧穿器件

利用量子隧道效应进行载流子输运的器件称为隧穿器件[7]，从1958年日本科学家江崎(Leo Esaki)发现第一个隧道二极管至今[8]，已研制出多种形式的隧穿器件，除最基础的反向隧穿二极管，还有MIS隧道二极管、MIS开关二极管、MIM隧道二极管、隧穿热电子晶体管和共振隧穿二极管等。基于量子力学隧穿效应，隧道二极管开关速度达皮秒量级，工作频率高达100GHz，还具有低功耗和低噪声等特点。隧道二极管已应用于微波混频、检波、低噪声放大、振荡等，还可应用于超高速开关逻辑电路、触发器和存储电路等。

2.3.1 隧穿二极管结构与基本原理

隧道二极管其基本结构简单，最主要特点为正向电流-电压特性具有负阻效应(图2.8)。在正向偏置时，电流首先增加到极大值，然后减少到极小值，此后电流随电压呈指数增加。这种负阻效应来源于在不同偏压下能带的弯曲以及势垒厚度的变化从而引起隧穿几率变化[9]。

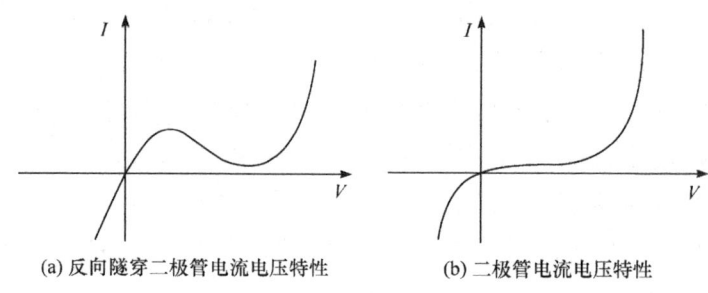

(a) 反向隧穿二极管电流电压特性　　(b) 二极管电流电压特性

图 2.8　静态输出曲线

隧道二极管 pn 结区一般为重掺杂，n 区的费米能级在导带内，p 区的费米能级在价带内，耗尽层的宽度大约在 10nm(如图 2.9(a))，重掺导致的结区两侧的费米能级位置相差很大，在电子漂移扩散平衡后引起巨大的能带弯曲，从而形成很薄的势垒层。依据隧穿效应，隧穿几率和势垒厚度指数相关，也就是说，薄的势垒层是发生隧穿的关键。

当加置一个很小的正向电压 V 时，如图 2.9(b)所示，n 区能级相对于 p 区将升高 qV，这时结两边能量相等的量子态中，p 区价带的费米能级以上有空量子态，而 n 区导带的费米能级以下有量子态被电子占据，因此 n 区导带中的电子可以隧穿到 p 区价带中，产生从 p 区向 n 区的正向隧穿电流，对应于输出曲线的上升段。

当正向电压继续增大时，n 区能级不断升高，势垒差不断减小，有更多电子从 n 区穿到 p 区的空量子态，隧道电流不断增大，一直到 p 区费米能级与 n 区导带底一样高(图 2.9(c))，这时从 n 区隧穿到 p 区的电子数量达到最大值，对应于输出曲线的第一个最高点。

当两端电压继续增大时,势垒差进一步缩小,n 区电子占据态所对应的 p 区空态减小(图 2.9(d)),所以 n 区导带中可以穿过隧道的电子数目以及 p 区价带中可以接受电子的空态均减少,在这一过程中随着电压的增大,隧道电流反而减小,这就是隧穿二极管负阻效应的来源。

随着进一步增大两端电压,n 区导带底和 p 区价带顶一样高,如图 2.9(e)所示,这时 p 区价带和 n 区导带中没有能量对应着的量子态了,无法发生隧穿,隧道电流减小到零。此时,仍存在部分谷值电流,所以总电流不为零,处于最低点,即对应于图 2.8(a)的极低点。对于谷值电流的来源,一部分来自扩散电流,另一部分可能来源于能态边缘在禁带中的延伸,也就是说,由于实际半导体缺陷掺杂位错等在禁带中引入了其他能级,即使价带和导带没有能量相同的量子态,p 区和 n 区依然有对应能量相同的深能级。

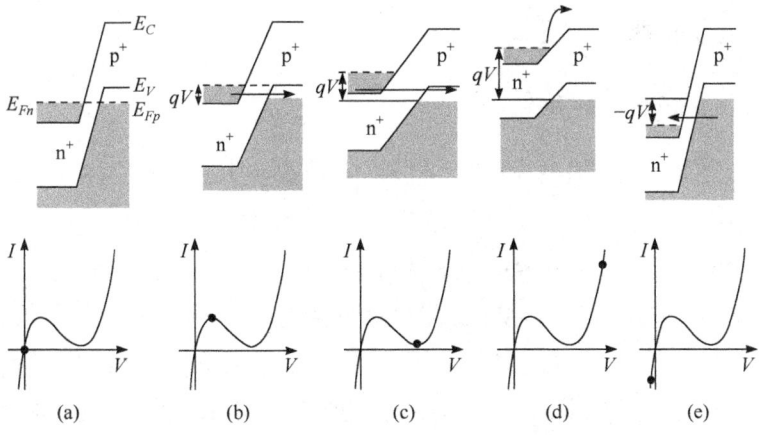

图 2.9　隧穿二极管在每个电流区间的能带结构

当电压进一步增大,虽然不再发生隧穿,此时扩散电流将成为主要因素,总电流将持续增大,与传统 pn 结正向特性相同。

在确定的偏置电压下,隧道二极管的能带是确定的,依据隧穿公式给出的隧穿几率为 $T = \exp\left(\dfrac{4\sqrt{2m^*}E_g^{3/2}}{3qhE}\right)$,可以看出,为了获得大的隧穿几率,有效质量和禁带宽度应很小,而电场 E 应很大。单位时间通过结区的载流子数目来源于多子的隧穿几率,所以隧穿二极管电流起伏较小,相应噪声较低。另外,隧穿二极管采用重掺的简并半导体,温度对多子的浓度影响很小,具有较大的工作温度范围。其次,区别于大多半导体数器件中载流子由电场导致漂移进行输运,存在着各种散射,迁移率受到抑制。相比之下,隧穿二极管中的载流子输运源于量子隧穿,电子越过势垒的速度非常快,不受渡跃时间限制,可在极高频下工作(大于 100GHz)。这些优势使得隧道二极管得到很高的重视。

2.3.2 共振隧穿器件

对于单势垒的隧道二极管,需要重掺且掺杂区突变,对器件工艺要求特别高。在实际应用中,双势垒单阱的共振隧穿二极管给了另一种隧穿形式,避免了单势垒隧道二极管的一些问题,在振荡器、脉冲器件以及数字电子集成方面已经有广泛应用。1974 年,第一个共振隧穿二极管(也称双势垒二极管)面世[10],随后在 20 世纪 80 年代,共振隧穿二极管获得不断改进。图 2.10(a)为一个 GaAs/AlAs/InGaAs

共振隧穿二极管的能带结构,其左右两侧能带简并,分别称为发射区和收集区,费米能级 E_F 在导带底 E_C 之上。势阱层和势垒层一般不掺杂,由于势阱层宽度非常窄,阱中电子波函数在两侧势垒的局域下形成一系列分立、不连续的束缚能级,电子能量发生量子化。通常取 E_0 为势阱分立能级中的最低能级。

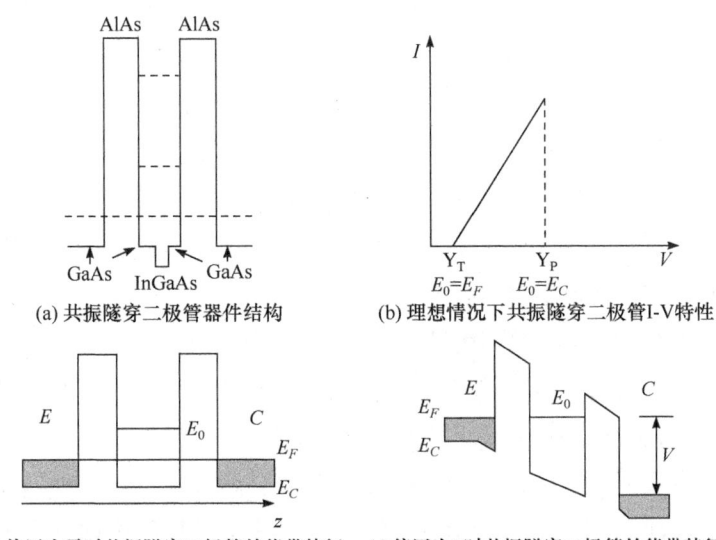

图 2.10 共振隧穿二极管的结构、能带以及输出特性

与单势垒隧穿二极管不同,在这个模型中,电子从双势垒外输运至另一侧,不仅要隧穿两个势垒,而且还要考虑势阱中的能量分布。如图 2.10(b),在没有偏压的情况下,势阱外量子态在势阱中没有能量对应的能级,所以隧穿几率为零。

当两端逐渐加上偏压 V,发射区能级抬高 qV,在发射区 E_F 到达势阱能级 E_0 之前,隧穿几率为 0,器件电流为

0(如图 2.10(c)所示)。当电压进一步增大,发射区 E_F 到达势阱能级 E_0,此时隧穿开始(图 2.10(d 所示)),电子从势垒外的导带量子态隧穿通过势垒到达势阱中量子态 E_0,然后隧穿到右侧的空态中,也就是说,两侧势垒外量子态与势阱量子态三者能量相同时即可发生隧穿。当电压进一步增大,发射区能带进一步抬高,与 E_0 相对的发射区能级向导带底 E_C 靠近。根据固体物理理论,越靠近导带底,量子态越多,所以这个过程中,隧穿几率增加,电流增大。当电压增大至 E_0 所对应的势垒外能量低于导带底 E_C,势阱 E_0 能量对应于禁带,没有量子态,隧穿停止,电流归零。

在共振隧穿二极管中,入射电子的能量的变化由外加偏压调节,要使发射区电子能量高于阱和收集区。在实际共振隧穿二极管中,当电压大到使得 E_C 大于 E_0,也不会看到电流彻底为 0,也就是和隧穿二极管一样,在隧穿几率为零的情况下,依然会有谷电流,一般由于杂质散射,非弹性声子散射,声子辅助隧穿以及热离子发射等造成。而且在势阱层中也不会只有一个能级 E_0,在 E_0 之上依然存在很多能级(图 2.11(a)),当电压增大到发射区量子态到达上面能级时,依然可以发生隧穿,所以共振隧穿二极管的实际 I-V 特性如图 2.11(b)所示。由图可以看到,共振隧穿二极管不仅有负阻效应,而且具有多个电流峰和谷,这是传统的隧穿二极管没有的特性,这种多电流峰的特性对于功能器件非常重要,它能够用一个器件完成复杂的功能[11]。

与隧穿二极管一样,共振隧穿二极管的工作机理决定了它是最快的器件之一。所以在高频器件方面具有很大的应用价值,作为振荡器它的工作速度可达到 1THz 以上[12];

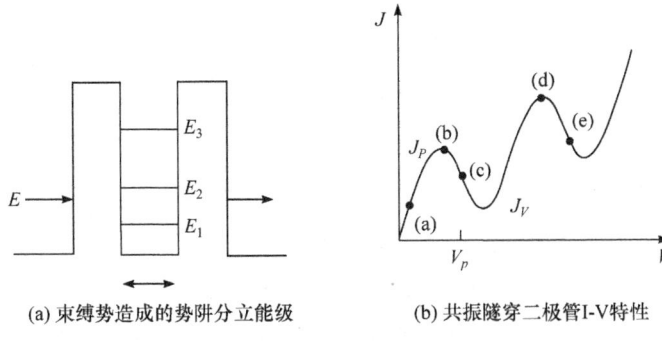

(a) 束缚势造成的势阱分立能级　　(b) 共振隧穿二极管I-V特性

图 2.11　共振隧穿二极管的能级以及 I-V 特性

而且其工作电压在 0.5V 左右，低功耗；此外，由于其负阻特性可实现较复杂的逻辑，共振隧穿二极管已经应用在高速数字电路以及集成电路方面，包括 AD 转换、SRAM 存储、数字逻辑电路、数模混合电路、延时电路等。

2.4　自旋电子器件

传统半导体器件由于尺寸缩减存在严重的热耗散问题，其主要依赖电子的电荷内秉属性，导致集成电路"摩尔定律"趋近终结。早在 1990 年，Datta 和 Das 就提出了自旋场效应晶体管的概念型器件[13]，指出利用电子的自旋属性而非电荷属性来传递信息，可以大大降低器件功耗，提升性能和集成度。对电子自旋的调控实际上增加了信息处理的新自由度，从而使电子自旋像电荷一样用作新的信息载体，实现信息的感知、处理、传输与存储。这里简要阐述目前重点关注的两种自旋电子器件及结构：自旋晶体管和磁性随机存储器(MRAM)。

2.4.1 自旋晶体管

自旋晶体管是一种半导体自旋电子器件,希望将逻辑、运算和存储集成到同一个单元中。图 2.12 是自旋场效应晶体管示意图[13, 14],与通常意义的场效应晶体管结构类似,但电流调控的物理原理不同。源(自旋注入端)和漏(自旋检测端)是具有平行磁矩的铁磁金属或铁磁半导体。注入的自旋极化电子(波矢 k)沿着高迁移率的准一维沟道弹道输运。电子自旋以自旋轨道相互作用所决定的进动矢量发生进动,这是由沟道的结构和材料本身的性质所决定的。进动矢量的大小由沟道顶部的栅极电压来调节。当电子抵达漏极,其自旋即会被检测。如果漏极处电子自旋方向与初始方向相同(如上方箭头所示,其进动周期比迁移时间长得多),电子容易进入漏极,电流值大;如果方向相反(如下方箭头),那么电子就会被散射,电流值小。因此,通过调节栅压,可以在漏极产生平行或反平行(或其他角度)的自旋取向,进而控制器件电流的开关状态。

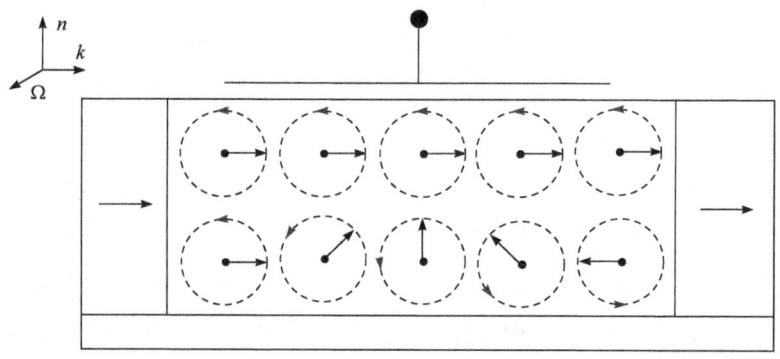

图 2.12 Datta 和 Das 提出的半导体自旋场效应晶体管示意图

在 Datta-Das 提出的器件结构中,自旋流被要求在高迁移率的半导体沟道输运过程保持其自旋极化的方向,这需要半导体材料本身具备足够长的自旋扩散长度或自旋寿命,以及尺寸效应的调控方法[15]。有计算指出,当半导体沟道缩窄至宽度 0.38μm 以下时,会呈现出准一维弹道输运的特性,使自旋注入效率明显提高[16]。在自旋晶体管器件实现过程中,核心关键是如何通过铁磁体/半导体的界面工程提高半导体自旋注入和检测的效率。

1993 年,Johnson 提出了全金属双极性自旋晶体管器件结构[17],如图 2.13 所示。该自旋晶体管可类比通常的半导体双极晶体管,都是三端结构,其中两个铁磁金属分别作为发射极和收集极,中间超薄非磁金属作为基极。其基本的工作原理是:当发射极注入电流,从基极流向发射极的电子受自旋相关散射原理的制约,即自旋向上电子很容易通过发射极流回电极,而自旋向下电子受到发射极的强散射而在基极发生自旋积累。此时,收集极的磁化方向向上或向下分别对应于高低电位。当接入电路时,高低电位对应于电流的流出或流进。因此,通过施加外磁场改变收

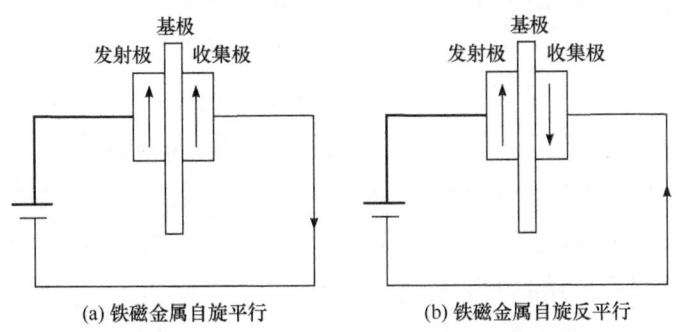

图 2.13 Johnson 自旋晶体管工作电路

集极的磁化方向可以调控电流电压。该自旋晶体管原则上可应用于存储器件和非易失集成电路中，但是由于其输出电压信号通常在纳伏甚至皮伏量级，没有放大功能，离实际应用还很遥远。

2.4.2 磁性随机存储器

磁性随机存储器(MRAM)具有存储数据非易失性、寿命长、低功耗、抗辐射等诸多优点，在工业自动化、嵌入式计算、网络和数据存储、汽车和航空航天等民生、国防领域具有巨大的应用价值，被认为是未来最有希望取代现有随机存储器的方案之一。MRAM 兼具静态随机存储器(SRAM)的高速度、动态随机存储器(DRAM)的高密度和闪存(FLASH)的非易失性等优点，其抗辐射性尤为国防工业所青睐，原则上可以取代现有的各类存储器的应用，成为未来的通用存储器。

MRAM 的核心结构单元包括一个晶体管和一个磁性隧道结(MTJ)存储单元[18]，如图 2.14 所示。其中 MTJ 结构中的一层铁磁层磁矩被钉扎，称为钉扎层(pinned layer)，另一层铁磁层的磁矩方向可以通过外磁场或电流来改变方向，称为自由层(free layer)，中间是一层氧化层，通常是 MgO。MTJ 单元中磁性层的磁矩平行或反平行两种状态分别作为高低电阻态（"1"和"0"），从而实现对信息的存储。

2000 年自旋转移力矩(STT)效应被发现，它是通过自旋流来取代磁场从而实现磁矩方向的翻转[19]。STT 改变了过去一直认为的只有磁场才能够改变磁矩方向的观点，是自旋电子学史上的一个重要的里程碑，实现了信息的快速

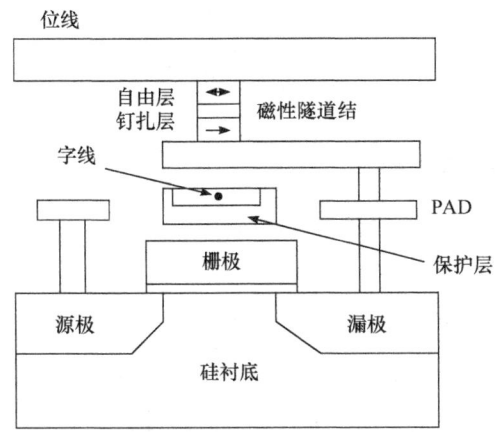

图 2.14 传统的 MRAM 结构单元,包括一个晶体管和一个 MTJ

写入,开启了基于 STT 的 MRAM 的技术研发。STT-MRAM 具有非易失性、高密度、高鲁棒性及耐久性等优势,一度被认为是普适存储器,成为国际上主流的 MRAM 研发结构。然而,STT-MRAM 存在临界写入电流密度过大($\sim 10^6$ A/cm^2) 的问题,导致磁矩翻转效率低,功耗过大及器件微缩困难等。

新的器件结构和基于自旋轨道耦合的新物理效应推动着 MRAM 发展。最近十年以来,自旋轨道力矩(Spin-Orbit Torque,SOT)和电控磁各向异性(Voltage Control Magnetic Anisotropy,VCMA)这两种全新的磁矩翻转技术受到高度重视,可应用于新一代 MRAM(SOT-MRAM)[18]。最近,利用自旋轨道耦合效应、自旋霍尔效应及电场驱动效应,有望实现嵌入型 SOT-MRAM 原型器件,大幅降低 STT-MRAM 中存储单元磁化翻转的临界电流密度,从而降低器件的功耗,并实现与半导体工艺的兼容。在未来几年,以 MRAM 为代表的新型存储器的发展趋势会进一步加快,使 MRAM 成为最新自旋电子技术的核心产品。

2.5 超导隧道结器件

2.5.1 超导约瑟夫森结

约瑟夫森结(Josephson junction)是经典超导电子学的最重要的基本单元结构。1962 年，约瑟夫森(Brian D. Josephson)从微观理论出发，发现构成超导凝聚态的"基本粒子"——库伯对，也可以像电子一样发生隧穿，预言了约瑟夫森效应和约瑟夫森结，这是一种宏观量子隧道效应。他也因此获得了 1973 年的诺贝尔物理学奖[20]。

约瑟夫森发现，当两块超导体被一块绝缘体隔开，同时绝缘体的厚度非常小时(如图 2.15 所示)，可以有超导电流无损耗地从一侧超导体流到另一侧超导体，而不存在电压降。这就是直流约瑟夫森效应，其超导电流可表示为：

$$I_s = I_c \cdot \sin\gamma \tag{2.1}$$

这里，γ 是两块超导体之间的规范不变相位差，I_c 是相应约瑟夫森结的临界电流，该临界电流的大小与绝缘层的厚度、结的尺寸和形状等因素有关。

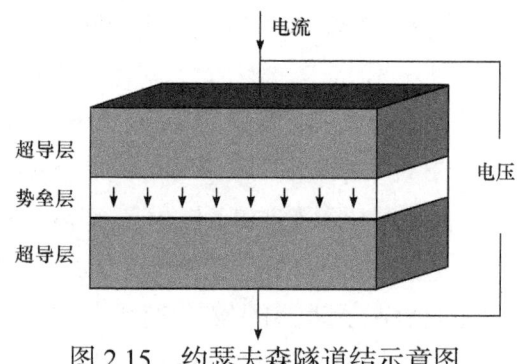

图 2.15　约瑟夫森隧道结示意图

当结两端存在电压时,规范不变相位差γ会随时间而周期变化,变化的频率与结电压有关,这就是交流约瑟夫森效应。其关系可表示如下:

$$\frac{\partial \gamma}{\partial t} = \frac{2\pi}{\Phi_0} V \tag{2.2}$$

这里,V是结两端的电压,Φ_0是磁通量子。

约瑟夫森效应实际上是一种超导弱连接(Weak link),属于局部超导弱化的范畴,只要两块弱耦合(耦合区尺寸≤库伯电子对的相干长度)的超导体都可构成约瑟夫森结,不一定需要采用隧道结的形式。因此,不仅超导-绝缘-超导的形式能构成约瑟夫森结,还有其他的弱连接形态也能构成约瑟夫森结。图2.16总结了当前存在的多种约瑟夫森结的结构。

约瑟夫森结可以用图2.17所示,一个简单的电阻、电容和理想约瑟夫森结并联的电路模型来代替。

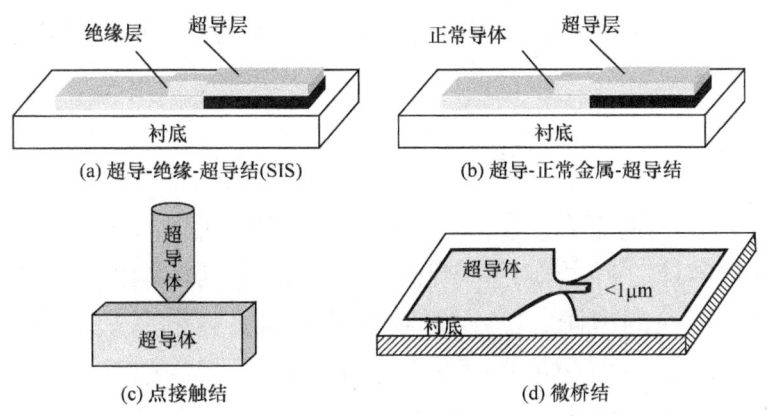

(a) 超导-绝缘-超导结(SIS)　　(b) 超导-正常金属-超导结

(c) 点接触结　　(d) 微桥结

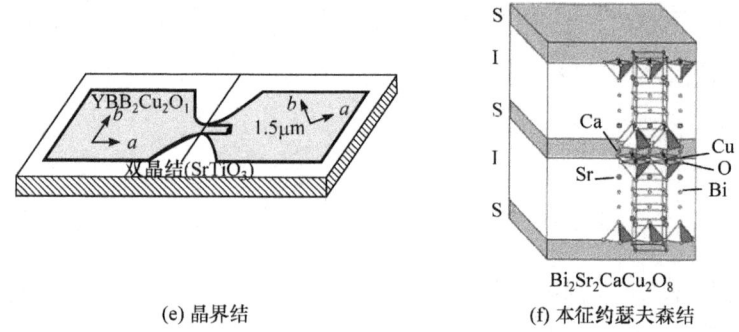

(e) 晶界结 (f) 本征约瑟夫森结

图 2.16 不同结构的约瑟夫森结

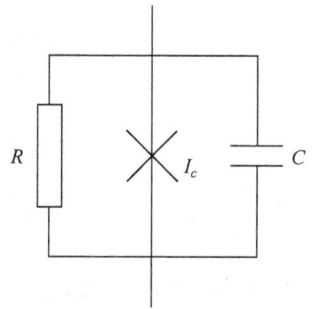

图 2.17 约瑟夫森结 RCSJ 模型电路示意图

当实际的约瑟夫森结上存在电流偏置时，满足如下方程：

$$I = I_c \sin\gamma + V/R + C\frac{dV}{dt} \tag{2.3}$$

其中，I 为偏置电流，I_c 为约瑟夫森结的临界电流，γ 是两块超导体之间的规范不变相位差，V 为结两端电压，R 为引入损耗的电阻，C 为超导电极两端实际存在的电容。方程右端第一项为流过理想约瑟夫森结的超导电流，第二项为流过电阻的电流，第三项为流过电容的电流。

根据交流约瑟夫森效应,将方程中的电压 V 用约瑟夫森结上的规范不变相位差 γ 替换,可得到如下以 I 为自变量,γ 为因变量的方程:

$$I = I_c \sin\gamma + \frac{\Phi_0}{2\pi R} \cdot \dot{\gamma} + \frac{\Phi_0 C}{2\pi} \cdot \ddot{\gamma} \tag{2.4}$$

以上方程与一个外力矩作用下的单摆的力学模型一致。

由于约瑟夫森结工作在低温或极低温,其电流相位对电磁等外场极其敏感,加之超导电流具有高度的电感非线性,约瑟夫森结的应用范围已经包括超导量子干涉器件、单磁通量子器件、太赫兹探测器、太赫兹源、参量放大器、量子比特等方面。具体应用在医学诊断(心磁、脑磁)、探矿探伤、低耗读出电路、高灵敏地基和太空天文望远镜、超视距雷达、非合作目标成像、量子计算、量子探测和量子通信等各个领域。下面列举一些重要的器件。

2.5.2 超导隧道结混频器

超导隧道结混频器的功能是将极微弱的被探测信号与频率相近的本振信号进行外差混频,产生易于放大和处理的中频信号,其灵敏度能够接近测不准原理所制约的量子噪声极限。1960 年,Giaever 的实验发现了超导体中的准粒子隧穿效应,从此开启了基于隧穿效应的超导混频器研究[21]。20 世纪 70 年代末,Tucker 建立了基于光子辅助的准粒子隧穿效应混频理论。铌基超导隧道结制备技术的发展,推动了毫米波和亚毫米波段的超导隧道结混频器技术的研究与应用。

2.5.3 超导约瑟夫森混频器

超导约瑟夫森电流具有高度非线性(有别于一般混频器的电阻非线性)，约瑟夫森混频器的功能是将被探测信号与一个频率很低的本振信号进行谐波混频，并产生一个易于处理的中频信号。Blaney 等人在 1974 年利用铌点接触结实现了 825 次的谐波混频，使用 1GHz 的本振信号检测了 891GHz 的激光[22]。

2.5.4 超导量子干涉器件

超导量子干涉器件(Superconducting Quantum Interference Device，SQUID)的工作原理基于两个物理现象：约瑟夫森隧道效应和磁通量子化效应，是迄今为止最灵敏的磁通传感器[23]。按照 SQUID 所含的约瑟夫森结的数量来划分，可分为包含 1 个结的射频 SQUID 和包含 2 个结的直流 SQUID。从工作温度来看，又可分为工作于液氦温区的低温超导 SQUID 和工作于液氮温区的高温超导 SQUID。SQUID 可直接测量磁通及磁场、电流等任何能转换为磁通的物理量，并具有带宽高和 DC-GHz 范围内频率响应曲线平坦的优点，在磁场探测方面发挥着重要作用。

2.5.5 超导太赫兹辐射源

阵列约瑟夫森结可以用于实现相干辐射源。利用人工制备的低温超导约瑟夫森结阵可以实现并检测到太赫兹辐射，但其辐射功率较小、频率较低且对制备工艺要求较高。通过高温超导 $Bi_2Sr_2CaCu_2O_8$ 本征约瑟夫森结阵制备的太赫兹辐射源具有工作温度高、辐射功率较大和辐射频率连续可调范围大等优点。$Bi_2Sr_2CaCu_2O_8$ 太赫兹辐射源其辐射功率接近 1mW，频率可调范围为 0.1～2THz，并可在液氮温区工作，测量氨气和水蒸气的太赫兹吸收光谱。另外，把高温超导太赫兹源与高温超导双晶约瑟夫森结检测器结合，研制了高温超导太赫兹集成接收机，为未来超导集成接收机往高温超导发展提供了思路。

2.5.6 超导约瑟夫森电压基准

自约瑟夫森效应发现起，超导电路就和计量科学建立了紧密联系。在大于临界电流的直流电流偏置下，约瑟夫森结两端会产生大小为 V 的直流电压，结内会产生频率 $f=2eV/h$ 的交变超导电流，其中，e 和 h 分别为基本电荷和普朗克常数。如果同时用频率为 f 的微波辐射约瑟夫森结，在其伏安曲线上会出现一系列 Shapiro 台阶[24]，台阶对应的电压值精准正比于台阶数、约瑟夫森常数及辐照的微波频率，而与约瑟夫森结所在环境的温度、内部结构及材料类型等因素无关。由于微波频率能以很高准确度测定，交流约瑟夫森效应被用于建立量子电压基准，高准确度复现电压量值。第 77 届国际计量委员会决定，自 1990 年 1 月 1 日起，采用基于约瑟夫森结阵器件的量子电压基准取代原来的韦斯顿标准电池电压实物基准，并统一新基准中所涉及的约瑟夫森常数为 483597.9GHz/V。这种基于宏观量子现象和基本物理常数的计量方法具有更高的稳定性，将电压复现准确度提高了 3 个数量级。目前，已发展出直流和可编程电压基准等工作模式。

参 考 文 献

[1] Mimura T, Hiyamizu S, Fujii T, et al. A new field-effect transistor with selectively doped GaAs/n-Al$_x$Ga$_{1-x}$As heterojunctions. Japanese Journal of Applied Physics, 1980, 19(5): 225-227.
[2] Sze S M. Physics of Semiconductor Devices. Amsterdam: Wiley, 1981.
[3] Dingle R, Stormer H L, Gossard A C, et al. Electron mobilities in modulation-doped semiconductor heterojunction superlattices. Applied Physics Letters, 1978, 33(7): 665-667.
[4] Morkoç H, Unlu H, Ji G. Principles and technology of MODFETs. New York: Wiley Press, 1991.
[5] Shockley W. Transistor electronics. Science, 1951: 114-487.
[6] Sharma B L. Semiconductor Heterojunctions. Oxford: Pergamon Press, 1974.
[7] Daugherty, Don G. Physical Principles of Semiconductor Devices. Iowa: Iowa State University Press, 1976.
[8] Esaki L. New phenomenon in narrow germanium p-n junctions. Physics Review, 1958, 109(2): 603-604.
[9] Hall R N. Tunnel diodes. IRE Transactions on Electron Devices, 1960, 7(2): 1-9.
[10] Chang L L, Esaki L, Tsu R. Resonant tunneling in semiconductor double barriers. Applied Physics Letters, 1974, 24(12): 593-595.
[11] Shewchuk T J, Chapin P C, Coleman P D, et al. Resonant tunneling oscillations in a GaAs-Al$_x$Ga$_{1-x}$As heterostructure at room temperature. Applied Physics Letters, 1985, 46(5): 508-510.
[12] Feiginov M, Sydlo C, Cojocari O, et al. Resonant-tunnelling-diode oscillators operating at frequencies above 1.1 THz. Applied Physics Letters, 2011, 99(23): 562.
[13] Datta S, Das B. Electronic analog of the electro-optic modulator. Applied Physics Letters, 1990, 56(7): 665-667.
[14] Zutic I, Fabian J, Sarma S D. Spintronics: Fundamentals and applications. Review of Modern Physics, 2004, 76(2): 323-410.
[15] Kikkawa J M, Awschalom D D. Lateral drag of spin coherence in gallium arsenide. Nature, 1999, 397(6715): 139-141.
[16] Alagha S, Hernandez S E, Bloemers C, et al. Universal conductance

fluctuations and localization effects in InN nanowires connected in parallel. Journal of Applied Physics, 2010, 108(11): 1.
[17] Johnson M. Bipolar spin switch. Science, 1993, 260(5106): 320-323.
[18] Bhatti S, Sbiaa R, Hirohata A, et al. Spintronics based random access memory: A review. Materials Today, 2017, 20: 530.
[19] Katine J A, Albert F J, Buhrman RA, et al. Current-driven magnetization reversal and spin-wave excitations in Co/Cu/Co pillars. Physical Review Letters, 2000, 84: 3149.
[20] Josephson B D. The discovery of tunneling supercurrents. Reviews of Modern Physics, 1974, 46: 251.
[21] Giaever I. Energy gap in superconductors measured by electron tunneling. Physical Review Letters, 1960, 5(4): 147-148.
[22] Blaney T G, Knight D. Direct 825th harmonic mixing of a 1GHz source with an HCN laser in a Josephson junction. Journal of Physics D-applied Physics, 1974, 7(14): 1882-1886.
[23] Zimmerman J E, Silver A H. Macroscopic quantum interference effects through superconducting point contacts. Physical Review, 1966, 141(1): 367-375.
[24] Shapiro S. Josephson currents in superconducting tunneling: The effect of microwaves and other observations. Physical Review Letters, 1963, 11(2): 80-82.

第 3 章 量子光电子器件

以量子力学、固体物理为基础，科研工作者对半导体能带结构、电子跃迁过程、光学性质等基本物理特性的深入研究，为半导体光电子器件的发展奠定了坚实的发展基础。

1916 年德国爱因斯坦(Albert Einstein) 提出光子受激发射和吸收理论，1960 年美国 Theodore H. Maiman 成功研制出世界第一台红宝石激光器，1962 年美国 R. N. Hall、N. L. Nathan、N. Holonyak 成功制出半导体 GaAs 同质结激光器，1963 年美国 H. Kroemer 和 Zh. I. Alferov 提出异质结构用于半导体激光器，1970 年美国 M. B. Panish 和日本林严雄、Nikolai G. Basov 在不同实验室分别独立地实现 AlGaAs 双异质结激光器室温连续工作，同一年美国江崎和朱兆祥提出量子阱和超晶格概念。1973 年日本中村道治成功研制出第一支 DFB 激光器，1977 年美国 Dupuis 和 Dapuus 成功研制出量子阱激光器。2009 年德国斯图加特大学 E.Kasper 研制 49Gbit/s 硅基长波长锗探测器。半导体光电子器件和量子器件进入了一个飞速发展的时期[1, 2]。

半导体激光器和探测器具有能够直接电驱动、能量转换效率高、直接调制、响应快、体积小、寿命长、产量高、成本低、应用广等一系列优点，应用范围非常广泛，解决了光通信中信号发与收的关键核心问题，已广泛用于大容量、长距离的光纤通信系统、空间通信以及光电集成电路。

半导体激光器通常指的是半导体激光二极管，它通过 pn 结电注入的方式实现粒子数反转，因而具有泵浦方便、能量转换效率高、波长覆盖范围宽、体积小巧、工作寿命长等特点，在光纤通信、先进制造、医疗等领域发挥极其重要的作用。激光二极管在计算机上的光盘驱动器，激光打印机中的打印头，条形码扫描仪，激光测距、激光医疗，激光指示等光电设备中也得到了广泛的应用,在舞台灯光、激光手术、激光焊接和激光武器等大功率设备中也显示出独到的功能。

半导体光电子器件可分为体光电子器件、异质结和多结光电子器件。本章以半导体光发射和光探测器件为主，着重介绍半导体激光器和探测器的基本原理、结构和特性，列举了量子阱激光器、量子点激光器、单光子激光器、分布反馈(DFB)激光器、垂直腔面发射激光器(VCSEL)、中远红外激光器、光子晶体激光器、PIN 光电二极管和雪崩二极管的原理和应用。还对量子级联激光器、二类超晶格红外探测器、单光子探测等进行简要介绍。

3.1 半导体激光器的工作原理

半导体激光器是以一定的半导体材料做工作物质而产生激光的器件。其工作原理是通过一定的激励方式，在半导体物质的能带之间，或者半导体物质的能带与杂质(受主或施主)能级之间，实现非平衡载流子的粒子数反转，当处于粒子数反转状态的大量电子与空穴复合时，便产生受激发射作用。半导体激光器的激励方式主要有三种，即电注入式，光泵式和高能电子束激励式。最为方便、广泛应用的泵浦方式是通过 pn 结的电注入。

激光器的三大要素为：受激发射物质、粒子数反转(population inversion)和谐振腔。半导体激光器的优点是：效率高、体积小、重量轻且价格低。广泛使用于光纤通信、先进制造、医疗等领域。

半导体激光器的内部常常是很薄的量子结构，工作原理基于量子效应，是量子力学理论的最好应用范例。我们将介绍异质结对载流子和光波的限制、半导体激光器的阈值条件、粒子数反转和谐振腔等工作原理；描述半导体激光器的基本结构，包括双异质结(DH)、大光腔(LOC)和分离限制(SCH)激光器、条形激光器；进一步分析讨论半导体激光器的基本特性，包括功率同驱动电流的关系、量子效率和功率效率、光谱和模式、温度特性、调制特性等。分布反馈(DFB)和分布 Bragg 发射(DBR)激光器、量子阱激光器、垂直腔面发射激光器(VCSEL)等是一些结构更复杂、特性更优异的半导体发光器件，都将进行描述和讨论。

半导体激光器工作原理的三要素：半导体受激发射材料、粒子数反转和谐振腔。

(1) 半导体受激发射材料

直接带隙半导体材料和一些掺有等电子陷阱杂质的间接带隙半导体材料都能制作半导体发光二极管，但是只有直接带隙半导体材料才能制作半导体激光器。半导体激光二极管主要集中在 III-V 族的 AlGaAs、InGaAsP、InGaAlP、

InGaN 以及 II-VI 族的 ZnSSe、ZnO、TiCdHg 等材料上。依波长可划分为紫外、可见光、红外和太赫兹激光器。

(2) 粒子数反转

粒子数反转是产生激光的前提。两能级间受激辐射几率与两能级上的粒子数差有关。在通常情况下，处于低能级 E_1 的电子数大于处于高能级 E_2 的电子数，这是常规的粒子分布的情形。

半导体激光二极管通过 pn 结上加正偏压的方式注入高浓度的载流子，利用异质结的超注入和高注入比的特性，能够使注入的载流子浓度比同质结高几个数量级，因此注入的载流子数目大得多。与此同时，异质结的带隙差为电子和空穴提供了有效的势垒，将载流子紧密地限制在很窄的有源区中，使得有源区中的粒子的总数量和单位体积中的浓度大大地提高，从而很有效地实现了粒子数反转。

(3) 谐振腔

激光器中必定含有光学谐振腔，光波在其中来回反射，从而提供光能的正反馈。谐振腔的作用是选择频率一定、方向一致的光最优先地放大，而对其他频率和方向的光加以抑制。两块与工作介质轴线垂直的平面或凹球面反射镜可以构成法布里-帕罗(F-P)谐振腔，也可以采用布喇格(Bragg)光栅来实现谐振。

谐振腔中沿轴线运动的光子在腔内继续前进，经两反射镜的反射不断地往返传输、产生振荡，并且不断地与受激粒子相遇而产生受激辐射，沿轴线传输的光子将不断地增殖，在腔内发射频率、相位和传播方向相同的强光束，形成激光。

在激光器中，注入的载流子会通过辐射复合过程产生光子，使得光子获得增益。与此同时，固体内的杂质、缺陷等种种原因会引起载流子的散射，内部的自由载流子也可能吸收光子的能量跃迁至更高的能级，这些效应吸收能量、引起损耗。如果光波在谐振腔内来回振荡一次所获得的增益大于器件的总损耗(包括内部损耗和端面损耗)，才有可能形成激光。

只有增益大于阈值时才能够实现受激发射，从而获得激光输出。因此，激光器的增益正好等于总损耗时的条件就是阈值条件。

3.2 半导体激光器的基本结构

3.2.1 三维空间中的激光器结构

我们设定平板波导为 x-z 面，在激光器的 x-y-z 三维空间中，通常设定光波传输的方向为 z 轴、pn 结平面为 x-z 面、垂直 pn 结面的方向为 y 轴。激光器的结构在三个方向上都进行了合理的设计，分别对受激发射物质、光波导和谐振腔三个重要的物理量进行了深入的研究[3]。

y 方向上，半导体激光器依异质结构的方式，其发展历程为同质结(Homo-Junction，HJ)→单异质结(Single Heterostructure，SH)→双异质结(Double Heterostructure，DH)→大光腔(Large Optical Cavity，LOC)→分离限制异质结(Separated Confinement Heterostructure，SCH)→量子阱(Quantum Well，QW)→量子线(Quantum Wire，QWr)→量子点(Quantum Dots，QD)。

x 方向上，设计和制造出各种条形结构：从宽接触到条形结构。宽接触激光二极管没有任何条形，其工作电流大，发热严重，无法在室温下连续工作，因此研究开发了条形结构。在激光二极管的平面上，通过各种方式形成条形，使电流只从条形部分流过，这样大大增加电流密度，降低总的工作电流，减少发热，使器件能够连续工作。通过各种条形来构成波导结构，具有选模和导波的作用，能够获得稳定的单纵模工作。

z 方向上，由于谐振腔的两个端面反射镜在波导的两端，或者布喇格光栅是沿着波导层刻蚀的，因此 z 向上有各种谐振腔，其发展历程为法布里-珀罗谐振腔(F-P 腔)→分布反馈(Distributed Feedback，DFB)→分布布喇格反射器(Distributed Bragg Reflector, DBR)。z 向上还有双区共振腔、C 腔(Cleaved Coupling Cavity，解理耦合腔)、圆形腔、外腔等。

垂直腔面和微腔等谐振腔不在 z 向上，它们是上述结构的另类。

3.2.2 DH、LOC 和 SCH 激光器

同质结激光器和单异质结激光器曾在历史上起过重要作用，但是现在已经很少使用了[4,5]。现在最有代表性的半导体激光器是双异质结(DH)激光器。双异质结构简称为 DH，它是英文 Double Heterostructure 的简写。

图 3.1(a)示出了典型的法布里-珀罗腔条形双异质结激光器的管芯结构，有源区为窄直接带隙的半导体材料，厚度 d 仅仅为 0.1～0.2μm，它夹在两层掺杂型号相反的宽带

隙半导体限制层之间，构成一个三明治(夹馅饼)结构。有源层的带隙小、折射率大，由此引起的禁带宽度不连续性 ΔE_g 和折射率不连续性 Δn，分别起着载流子限制和光限制的作用。将注入的自由载流子有效地限制在很薄的有源区中，它们复合产生的光波又能有效地被限制在波导层中，从而为有效地受激辐射放大提供了有利的条件。

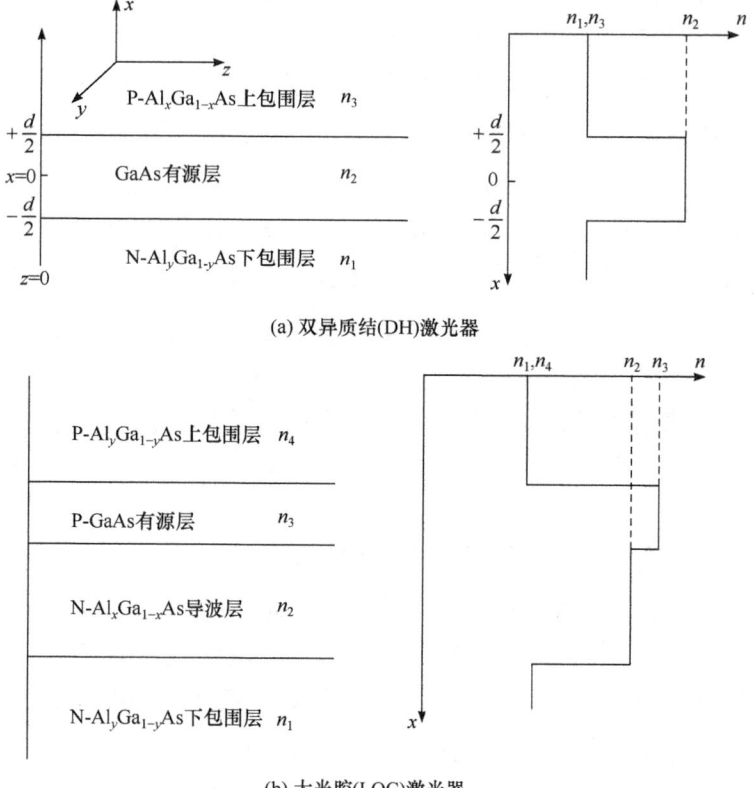

(a) 双异质结(DH)激光器

(b) 大光腔(LOC)激光器

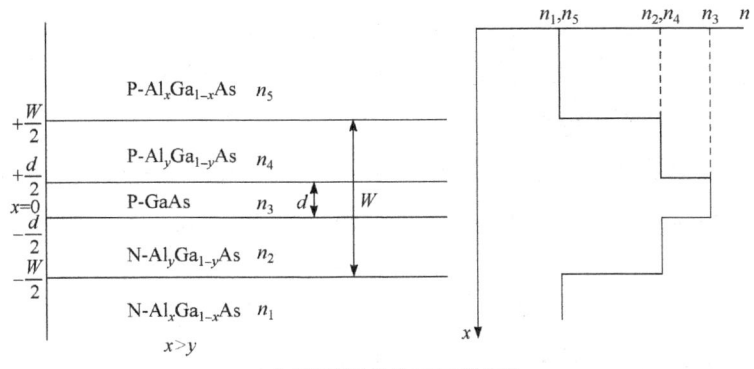

(c) 分离限制异质结(SCH)激光器

图 3.1　三种典型的半导体激光器结构的横向截面结构和对应的折射率分布图

随着研究的深入发展，又陆续出现了大光腔和分离限制异质结等各种结构的激光器。为了比较，图 3.1 集中列出了(a)双异质结(DH)激光器、(b)大光腔(LOC)激光器和(c)分离限制异质结(SCH)激光器的结构示意图。可以看出，双异质结激光器是一种三层对称介质波导结构，大光腔激光器是一种四层非对称介质波导结构，分离限制异质结激光器是一种五层对称介质波导结构。

在有源区和限制层之间加入一层波导层，人们设计出一种大光腔结构，简称 LOC(Large Optical Cavity)。大光腔激光器中，在有源区的一边增加一层波导层，光强能够从有源层扩展到波导层中，波导层与有源层一起形成介质光波导。大光腔激光器是不对称介质波导结构，只在有源区的一边增加一层波导层。

如果在有源区的两边各增加一层波导层，就构成分离限制异质结(SCH)结构。分离限制异质结激光器简称为 SCH

激光器，SCH 是英文 Separated Confinement Heterostructure 的缩写。两层波导层的作用有两方面：一方面，它们同有源层的禁带宽度差 ΔE_g 能将载流子有效地限制在有源层中；另一方面它们同有源层的折射率差 Δn 不是很大，有源区中载流子复合发出的光能扩展到这两层波导层中，它们与有源层一起构成光波导。光场被限制在有源层、两个波导层(共计三层)的光波导中，而载流子被限制在比其小得多的有源层(最中间的一层)中，因而光和载流子是分别限制在不同的区域中的。

近年来，随着量子阱(Quantum Well，QW)激光器的发展，SCH 结构得到广泛的重视和应用。除了上述折射率两步跃迁型分别限制外，还出现三步、四步分别限制结构，甚至是波导层的折射率渐变的分别限制结构，英语简称为 GRIN-SCH (graded index-SCH)。在 GRIN-SCH 结构中，禁带宽度和折射率的变化可以是线型的，也可以是抛物线型，或者其他的渐变方式。

3.2.3 条形激光器

条形结构是半导体激光器的设计和制造中的关键。条形结构对激光器性能的影响很大，直接决定了阈值电流、光谱模式等，同时条形结构又十分依赖于工艺流程和制作方法，因此每年有许多新的条形结构及其专利出现。有的条形结构非常容易制造，但是性能不太好；有的条形结构非常难于制造，但是性能十分优异。

总之，半导体双异质结激光器中，在垂直于结平面的方向上，采用双异质结构(DH)、大光腔(LOC)结构、或载流子和光分离限制异质结构(SCH)等各种不同的异质结构，通过有源区与其上下的限制层之间带隙差 ΔE_g 和折射率差 Δn 来实现载流子限制和光限制。而在平行于结平面的方向上，设计制造了各式各样的条形结构，通过折射率的阶跃变化或折率射的逐渐变化来实现折射率光波导。折射率差 $\Delta n > 10^{-2}$ 时为强折射率波导，折射率差位于 $5 \times 10^{-3} < \Delta n < 10^{-2}$ 之间时为弱折射率波导，还可以通过增益的适当空间分布来实现增益光波导。在弱折射率波导和增益波导中，载流子限制和光限制都不如水平方向那么有效。因此，为了获得模式稳定的激光振荡，最好采用强折射率波导限制。

3.3 半导体激光器的特性

3.3.1 *P-I*(功率-电流)和效率特性

图 3.2 示出了典型的 1.3μm InGaAsP 激光器的 *V-I*、*P-I*、d*V*/d*I* 和 d*P*/d*I* 等特性线。*V-I* 特性为半导体激光二极管的外加工作电压同驱动电流的关系，*P-I* 特性为半导体激光二极管的激光输出功率同驱动电流的关系。可以看出，*V-I* 是典型的二极管伏-安特性，图中器件受激发射的阈值电流为 32mA，小于阈值时为发光二极管模式，大于阈值时为激光模式。从 d*V*/d*I* 和 d*P*/d*I* 的拐点可以看出，它们都发生在发光模式改变的阈值处，它们的变化分别表征了激光器的串联电阻和功率转换效率的变化。

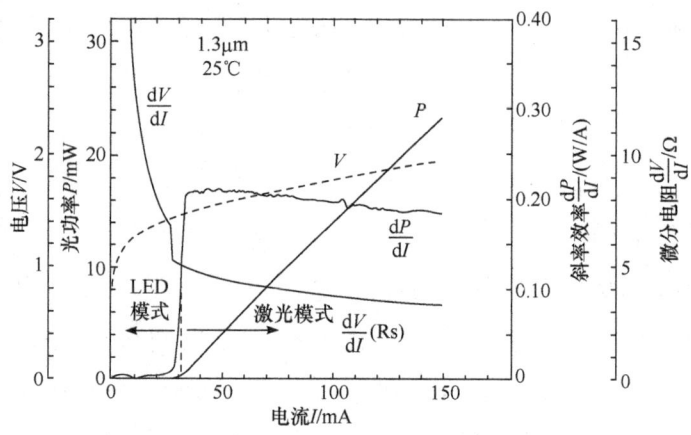

图 3.2　典型的 1.3μm InGaAsP 激光器的特性

在达到阈值电流之前，流经二极管的电流同电压呈指数关系，激光器的 V-I 特性为：

$$I = I_0 \left(e^{\alpha_j (V-IR)} - 1 \right) \tag{3.1}$$

式中，I_0 为饱和电流，α_j 为二极管参数。当电流达到阈值之后，流经二极管的电流同电压呈线性关系，其 V-I 特性可以近似表示为：

$$V \approx \frac{E_g}{e} + IR \tag{3.2}$$

E_g 为禁带宽度，e 为电子的电荷，V-I 特性呈线性关系，其斜率即为串联电阻 R。

3.3.2　阈值特性

从同质结到单异质结，再到双异质结，阈值电流密度 J_{th} 大幅度下降，由 $10^5 A/cm^2$ 量级降至 $10^3 A/cm^2$ 量级。如果有源区为量子阱、量子线、量子点等结构，J_{th} 进一步下

降到 10^2A/cm^2 量级。这足以说明异质结和量子结构在降低阈值电流密度上的积极作用。

条形激光器的 J_{th} 比较高,但其阈值电流和总的工作电流都要低许多。增益波导条形激光器中,因侧向限制作用差,光场向两侧扩展而造成损耗,因而使 J_{th} 也高许多。而折射率波导条形激光器的光学限制作用好,条形外面的损耗较小,其阈电流密度也较低。

3.3.3 效率特性

(1) 功率效率

注入到激光器的电能转换为激光的功率效率:

$$\eta_p = \frac{\text{激光输出功率}}{\text{所消耗的功率}} = \frac{P_{\text{out}}}{IV + I^2 R} = \frac{P_{\text{out}}}{I E_g/e + I^2 R} \quad (3.3)$$

式中,P_{out} 为激光输出功率,I 为工作电流,V 为激光器 pn 结的正向压降,R 为串联电阻,包括激光器的体电阻和电极接触电阻。

(2) 内量子效率

激光器中体内复合发出的光子数同注入的电子-空穴数目之比为内量子效率:

$$\eta_i = \frac{\text{单位时间内发出的光子数}}{\text{单位时间内有源区内注入的电子-空穴对数}} \quad (3.4)$$

由于有杂质、缺陷、界面态和俄歇复合的存在,有源层内部分注入的载流子不能复合产生光,使得 $\eta_i < 1$。然而半导体激光器中通常 η_i 可达 70% 左右,因而它的内量子效率是所有激光器中最高的。

(3) 外量子效率

激光器真正向体外辐射的效率为外量子效率：

$$\eta_{out} = \frac{单位时间内向体外辐射的光子数}{单位时间内有源区内注入的电子-空穴对数} \quad (3.5)$$

上式中的分子等于 $P_{out}/h\nu$，分母等于 I/e，因此有：

$$\eta_{out} = (P_{out}/h\nu)/(I/e) \quad (3.6)$$

由于 $h\nu \approx E_g \approx eV_a$，$V_a$ 为外加偏压，因此外量子效率可以表达为

$$\eta_{out} = P_{out}/(IV_a) \quad (3.7)$$

(4) 外微分量子效率

实际测量激光器的 P-I 特性时，人们常常利用工作电流大于 I_{th} 之后的功率同电流的线性关系来描述器件的效率，因而引进了外微分量子效率：

$$\eta_d = \frac{(P_{out}-P_{th})/h\nu}{(I-I_{th})/e} = \frac{P_{out}/h\nu}{(I-I_{th})/e} = \frac{P_{out}}{(I-I_{th})V} \quad (3.8)$$

上式中，我们已经利用了 I_{th} 处的 P_{th} 很小（$P_{th} \ll P_{out}$）这一条件。实际上，η_D 为 P-I 曲线 I_{th} 以上线性部分的斜率，也称斜率效率。

为了获得性能好的激光器，必须对腔长、端面发射率和限制因子等参数进行优化选择，兼顾其对激射模式、量子效率、阈值电流密度等影响，使器件能符合应用的要求。

3.3.4 光谱和模式

图 3.3 示意表示出激光器的(a)光学增益谱、(b)谐振腔的模式、(c)发射光谱和(d)工作原理图。通常认为，当注入

电流大于阈值电流时,光学增益谱可以表达为高斯函数曲线,图 3.3(a)所示的光学增益显示了这一点,位于高斯函数曲线内的模式才有可能获得增益。图 3.3(b)为谐振腔选择出来的可能的模式,彼此之间的模式间隔为$\delta\lambda$。将图 3.3(a)和(b)结合起来便得出图 3.3(c)所示的发射光谱。可以看出,对于法布里-珀罗腔半导体激光器图 3.3(d)来说,其发射光谱常常是多模的,模式间隔比较小。

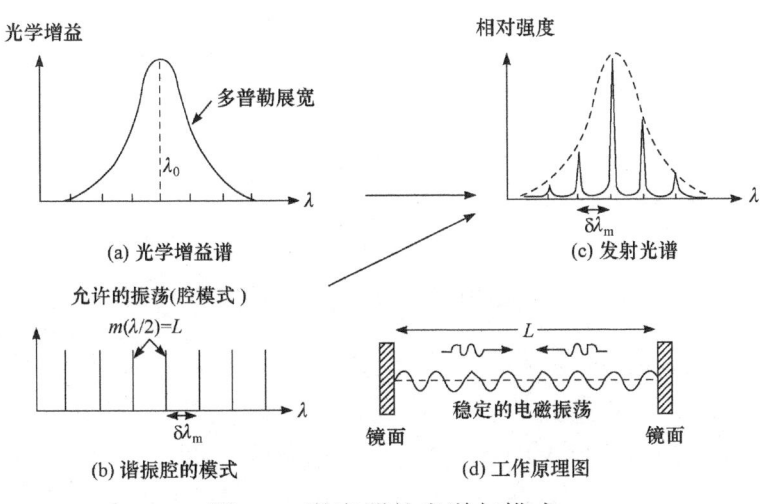

图3.3 激光器的光谱与模式

图 3.4 示出了法布里-珀罗腔条形激光器的典型光谱图。可以看出,当工作电流小于阈值 I_{th} 时,它就是一个发光二极管,发射的光谱较宽,包含有许多个纵模。随着驱动电流的增加,谐振腔的选模作用增强,发射光谱变窄。电流达到阈值电流时,激光管开始受激辐射,发出激光,光谱明显变窄。

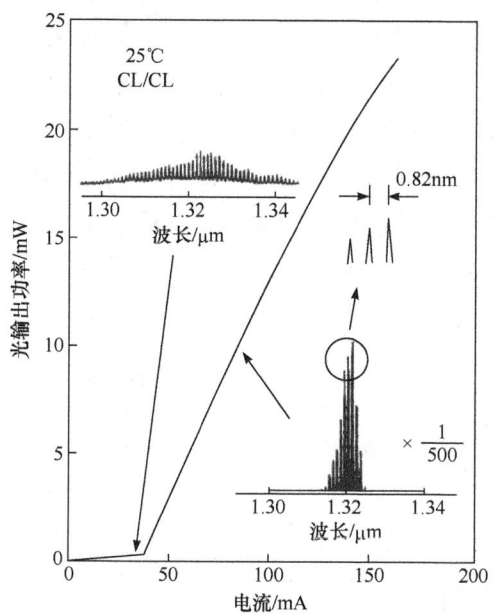

图 3.4 法布里-珀罗腔条形激光器的典型光谱图

事实上,如果器件结构没有专门的设计,法布里-珀罗腔条形半导体激光器常常是处于多纵模工作状态,也就是说它的发射光谱图中包含有多个光谱峰。图 3.4 中右上角的插图给出了峰值波长附近的光谱,其纵模间隔为 0.82nm。进一步分析表明,多模光谱中,两个相邻的纵模之间的距离为

$$\Delta \lambda_0 = \frac{\lambda_0^2}{2nL} \quad (3.9)$$

式中,$\Delta \lambda_0$ 为纵模间隔,λ_0 为空气中测得的激光峰值波长,n 为激光器有源区的折射率,L 为激光器的腔长。可以看出,模式间隔 $\Delta \lambda_0$ 是随着腔长 L 的缩短而增大的。

3.3.5 温度特性

半导体器件都是对温度敏感的。温度对半导体激光器的影响主要体现在阈值电流、光输出功率、工作稳定性和工作寿命[6]。激光器的阈值电流密度 J_{th} 随着温度的升高而明显增大，呈指数关系

$$J_{th}(T) = J_0 \exp\left(\frac{T - T_r}{T_0}\right) \tag{3.10}$$

式中，J_0 为室温 T_r 时的 J_{th}，T_0 为表征半导体激光器的温度稳定性的物理参数，称为特征温度。显然，T_0 越大，J_{th} 随温度的变化越小，激光器也就越稳定。

3.3.6 调制特性

与其他激光器不同的是，半导体激光器可以通过外加偏压的大小和频率的变化对其光强进行直接调制[7]。外加直流偏压信号时，激光器会有弛豫振荡；与此同时，激光器也具有电学寄生参数。这些效应会对调制特性产生影响。

调制激光器的方法有光强幅度调制、频率调制和相位调制等三种。调制信号可以是模拟信号，也可以是脉冲数字信号。依照信号的强弱还可以分为大信号调制和小信号调制。

光强幅度调制的每一个周期中，半导体激光器的模式频率都会产生周期性的移动，常常称之为频率啁啾。这种啁啾现象制约了光纤通信系统的特性。虽然利用电流的变化直接对半导体激光器进行调制是一种非常方便的方法，但是会引起啁啾效应，限制了光纤通信系统的高速率。因

此人们采用外调制的方式来提高系统的性能：半导体激光器上加直流偏压，输出恒定的光功率，利用激光器外面的电吸收调制器或者其他调制器来调制光波，可以将光信号的频率和带宽大大提高。

3.4 量子阱激光器

同上述半导体激光器相比，量子阱激光器有其特有的一些特性。首先，量子阱中的载流子受到一维的限制，能带发生分裂。其次，量子结构中的态密度分布被量子化了。再次，量子阱结构使得载流子限制作用大为增强，载流子的注入效率也大为增强，因而可以获得很高的增益。最后，基于上述几点，以量子阱为有源区的激光器在性能上获得了很大的改善：激射波长出现蓝移、受激发射阈值电流明显减小、温度特性大为改善等，因而出现了阈值电流为亚毫安甚至只有几微安的量子阱激光器。应当说，量子阱激光器的出现是半导体光子学的一次引人注目的飞跃，它已成为光纤通信、光学数据存储、固体激光器的泵浦光源、半导体光电子集成等应用中的理想光源[8, 9]。

3.4.1 量子阱激光器的工作原理

在激光器的三大要素(激光物质、粒子数反转和谐振腔)中，激光物质(亦即有源区)历来最受人们的关注。在超晶格、量子阱等概念被人们充分理解，特别是量子结构的外延材料生长技术成熟之后，半导体量子阱激光器便应运而生了。将有源区制成量子阱结构，给器件的工作机理、发光特性带来众多的新特点[10]。

3.4.2 应变量子阱激光器

如果激光器的有源区为应变的量子阱，那么充分利用应变量子阱中能带结构发生的各种变化,包括带隙的改变、价带中的轻重空穴带分裂、能带的曲率变缓、空穴有效质量变小等等,这些特性为器件带来一系列的新型光学特性,包括发射波长、偏振特性等。

3.4.3 量子阱激光器的特性

量子阱激光器对阈值电流、输出光谱和温度特性改善和提高了许多。同常规的激光器相比,由于有源区为量子阱结构,量子阱激光器便具有下列新特点[11-13]。

波长蓝移：量子阱中,态密度呈阶梯状分布,量子阱中 E_{C1} 和 E_{V1} 之间的电子和空穴首先参与复合,所产生的光子能量 $h\nu=E_{C1}-E_{V1}>E_g$,即光子能量大于材料的禁带宽度。相应地,其发射波长 $\lambda=1.24/(E_{C1}-E_{V1})$ 小于 E_g 所对应的波长 λ_g,即出现了波长蓝移。

谱线变窄：量子阱激光器中,辐射复合主要发生在 E_{C1} 和 E_{V1} 之间,这是两个能级之间的电子和空穴参与的复合,不同于导带底附近的电子和价带顶附近的空穴参与的辐射复合,因而量子阱激光器的光谱的线宽明显地变窄了。

高增益和低阈值电流：量子阱激光器中,由于势阱宽度 t_x 通常小于电子和空穴的扩散长度 L_e 和 L_h,电子和空穴还未来得及扩散就被势垒限制在势阱之中,产生很高的注入效率,易于实现粒子数反转,其增益大为提高,甚至可高两个数量级。因此量子阱激光器的阈值电流密度降低了许多。如果采用窄的条形宽度和短的腔长，量子阱激光器的阈值电流甚至可以降至1mA以下。这就是所谓的亚毫安激光器。在激光器的发展进程中，这是一个重要的里程碑。

温度稳定性：量子阱使激光器的温度稳定性大为改善，特别是GaInAsP量子阱激光器，其特征温度T_0可达150K，甚至更高。因而，这在光纤通信等应用中至关重要。

声子协助效应：量子阱激光器中还可以通过声子同电子的相互作用，使较高阶梯能态上的电子转移至低阶能态上，从而出现"声子协助受激辐射"。可见，声子协助载流子跃迁是量子阱结构的一个重要特征。声子协助效应又进一步改善了温度特性，使激光器的工作更为稳定。

3.5 DFB激光器、DBR激光器和VCSEL激光器

3.5.1 DFB和DBR激光器的器件结构

上述激光器的是两个平行的镜面构成法布里-珀罗谐振腔构成的。如果采用布拉格光栅构成谐振腔，就能够设计制造出分布反馈(DFB)激光器、分布布拉格反射(DBR)激光器和垂直腔面发射激光器(VCSEL)。如果有源区上从头到尾都是布拉格光栅，这种结构能够提供谐振的作用，就形成分布反馈(DFB)激光器。如果有源区上有两节布拉格光栅，它们没有完全相连接，也能够提供谐振的作用，就形成分布布拉格反射(DBR)激光器[14,15]。

用布拉格光栅作谐振腔，激光器若利用光栅的周期性对波长进行选择，可以准确地获得我们所需的光波波长，

特别是能够非常精确地获得单模激光输出，这在长距离光纤通信和许多其他应用中是至关重要的。

3.5.2 DFB 激光器的特性

分布反馈激光器不但阈值电流小、量子效率高，同时还以单纵模的方式稳定地工作。因为 DFB 激光器的发射光谱峰值是由光栅的周期和导带与价带的准费米能级之差决定的。显然 DFB 激光器的发射光谱十分锐利和相对固定得多。

高的温度稳定性：DFB 激光器的波长同温度的关系是由材料的折射率同温度的关系决定的，只有～0.1 nm/°C。

偏振选择性：DFB 激光器中，耦合系数、限制因子和反射率三个参数上都是有利于 TE 模，TE 模是占主导地位。

动态单模：在直流偏压下工作时，DFB 激光器表现出优异的窄线宽单模特性。实际应用时要求器件在各种信号调制下依然是单模工作，即要求动态单模，器件在高速动态调制时都能够稳定地工作。这是大容量、高速率、长距离光纤通信等应用中的要求。

3.5.3 VCSEL 激光器

VCSEL 是垂直腔面发射激光器(Vertical Cavity Surface Emitting Laser)的缩写。顾名思义，由于垂直腔面发射激光器的腔面平行于 pn 结平面，激光从器件的表面发出，激光的发射方向垂直于 pn 结平面。

VCSEL 结构能够将许多激光器集成在同一衬底上，实现二维激光器阵列，为二维图像信息的处理、超宽带光纤通信、超大规模集成电路的光互连以及未来的光计算机的并行处理等应用提供了非常有用的光源。

1) VCSEL 激光器的结构

图 3.5 给出了几种不同的垂直腔面发射激光器的器件结构。从该图可以看出，为了构成谐振腔，研制出了多种镜面结构，有金属镜面和分布布拉格反射器(DBR)等。

图 3.5(a)为带有金属镜面的垂直腔面发射激光器。n-InP 衬底上依次外延生长了 n-InP 限制层、InGaAsP 量子阱有源区、p-InP 限制层和电极层，之后在外延层上淀积

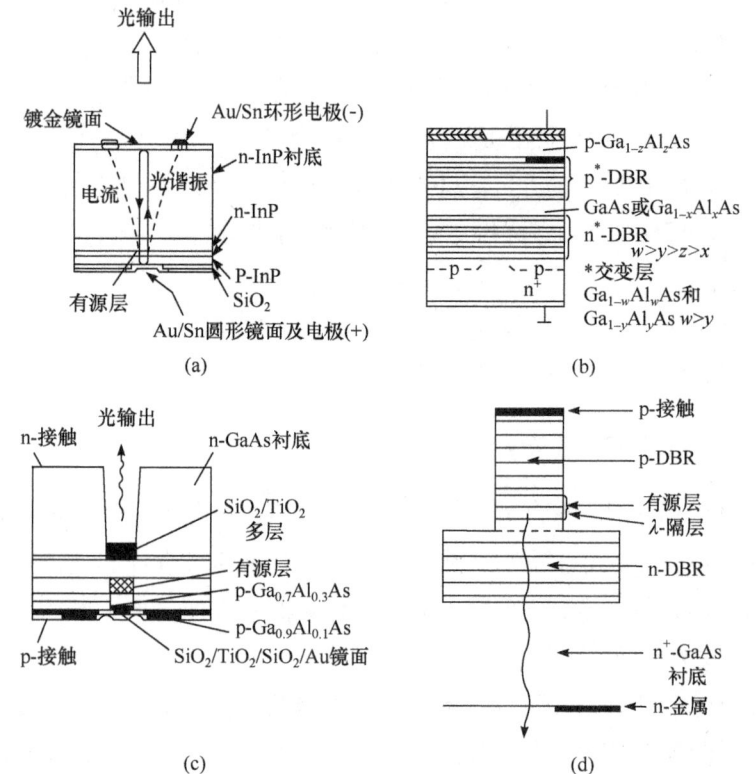

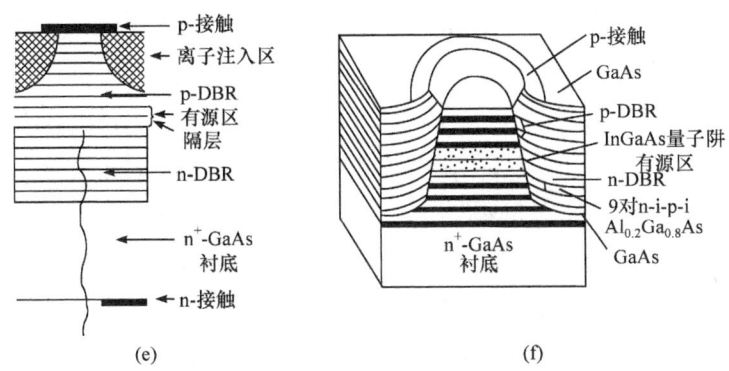

图 3.5　几种不同的垂直腔面发射激光器的器件结构

SiO₂，光刻腐蚀出圆形开口，再蒸发上 Au/Sn 金属层，构成金属的反射镜面，同时也是下电极。在衬底上镀有一 Au 层，构成另一个金属镜面，之上再淀积一个 Au/Sn 的环形电极，外加的偏压加在外延层上的圆孔电极和衬底上的金属电极之间，电流流经 pn 结时实现受激发射。

电流流动的过程中会有载流子的扩散，在下电极附近电流密度较大，在衬底面附近电流的面积加大，密度减小。由于有源区靠近外延层上的圆孔电极，电流来不及扩展得很开，这就保证了有源区受激发射所需的大电流密度。该器件是将外延层倒装在热沉上的，有利于散热，激光是经衬底向上射出的。

图 3.5(c)为带有介质镜面的垂直腔面发射激光器，采用 SiO₂/TiO₂/SiO₂/Au 多层介质结构形成反射镜面。图 3.5(b)、(d)、(e)和(f)四种激光器中直接利用外延生长 AlGaAs/GaAs 多层 DBR 结构，提高腔面的反射率，形成谐振腔。在外延生长过程中激光器的 DBR 反射层、有源区、限制层和电极层等一同完成，显然对外延生长有较高的要求，但是简化

了制作反射腔面的其他工艺，因而使面发射激光器的整个工艺简化了许多。

在 VCSEL 中，有源区既可以是双异质结构(DH)的体材料，也可以是上一节描述的量子阱(QW)结构，通常是量子阱结构。无论是哪一种，其厚度总是相当薄的。也就是说，它连同上述腔面(金属腔面、介质腔面或 DBR)一起构成谐振腔很短的短腔激光器。

与此同时，VCSEL 的发射面不再像端面发射激光器那样是一个细窄的条形，而是半径可达几微米至几十微米的圆形。因此，VCSEL 激光器的结构尺寸具有两大特性：短的谐振腔和大的发光面。这一"短"一"大"两种尺寸为 VCSEL 激光器带来了一系列独特的性质。

2) VCSEL 激光器的特性

VCSEL 激光器的能带结构、增益谱、温度效应等同 QW 激光器是一样的，但是其谐振腔和发射方向是不同的，因此在上述 DH 激光器和 QW 激光器的特性的基础上，VCSEL 激光器还具有本身的独特性能。VCSEL 激光器的腔长 L 很短，只有微米量级，使得发射光谱的模式间隔 $\Delta\lambda$ 为 100nm 数量级，这比增益谱的半高宽大一个数量级，因而增益谱下只容许一个模式振荡，非常容易实现单纵模工作，发射光谱的半高宽只有 0.1nm 数量级，因此可以获得很纯的单纵模。VCSEL 激光器发射的激光的发散角度很小，仅仅几度，而且是非常对称的圆形光斑。VCSEL 激光器的阈值电流仅仅为毫安量级，更有一些 VCSEL 激光器的阈值电流小于 1mA，仅仅几十到几百微安的电流就能获得激光输出。

可以在同一衬底上集成多个 VCSEL 激光器，制成多功能的 VCSEL 激光器阵列。总之，VCSEL 激光器阵表现出低工作电流、单模激光输出、寿命长等一系列优点，成为非常实用的一类半导体激光器。

3.6 新型半导体激光器

3.6.1 光子晶体激光器

针对现有边发射半导体激光器远场发散角大、光束质量差等问题，通过引入光子晶体人工微结构实现模式扩展和模场分离，综合改善单芯片半导体激光器的性能，实现高亮度高光束质量的激光输出[16]。

为有效增加发光尺寸并且保证单横模工作，降低半导体激光器的发散角，实现半导体激光器高亮度输出，提出缺陷光子晶体全能带设计，其有别于普通光子晶体波导的设计思想，核心思想为将有源区置于光子晶体缺陷层，使得激光器本振模式位于缺陷态中，降低激光主振模式的群速度，提高光模式场与增益物质的相互作用，由于垂直方向的模式扩展，保持激光器单横模激射的同时增加单横模的模式体积，进而保证输出更高功率，并减小腔面热效应，可在达到腔面灾变水平前，获得更大的输出功率。

低垂直发散角高亮度光子晶体半导体激光器的实际应用意义重大。首先，光子晶体激光的近似圆斑输出，减小了半导体激光器水平和垂直方向的像散，可提高激光器与单模光纤和多模光纤的耦合效率。同时近圆斑输出时，焦距光斑尺度更小，易获得更高的聚焦能量密度，有利于提高半导体激光泵浦效率。最后,对需要外腔准直的边发射激光器,低垂直发散角光子晶体激光器能够提高对光学元件对准误差的容忍度,降低对准直透镜数值孔径的要求,减小耦合损耗,从而达到简化系统、提高效率的目的。

3.6.2 中远红外量子级联激光器

量子级联激光器(QCL)具有效率高、体积小、功耗低、波长可大范围选取的特点,已经被广泛应用于定向红外对抗系统、自由空间光通信和痕量气体传感等领域[17]。简要介绍量子级联激光器的发光原理和典型结构。从 1994 年问世到现在,量子级联激光器已经从最初的实验室原理器件发展到可实用化的红外波段最具发展前景的半导体激光器。

QCL 是一个量子工程和分子束外延技术相结合的创新产物,是一种基于半导体耦合量子阱子带间电子跃迁的单极性半导体激光器。耦合量子阱内因量子限制效应而产生分立的电子态,一定的偏压下在这些激发态之间可产生粒子数反转。图 3.6 是偏压下 QCL 一级有源区的导带示意图,每一级由耦合量子阱激光跃迁区和注入/弛豫区组成,而每一级的弛豫区又是下一级的注入区。注入/弛豫区设计成梯度带隙超晶格结构,其作用相当于 $n=3$ 态电子波的 Bragg 反射器(增反膜)而同时又是 $n=1$、$n=2$ 态电子波的增透膜,而具有抑制电子从 $n=3$ 激发态的逃逸和促使电子从低能态($n=1$)隧穿抽运的双重作用,从而实现粒子数反转。两个低能态子带 $n=1$、$n=2$ 间距等于纵光学声子能量,促进 $n=2$ 态电子向 $n=1$ 态的共振弛豫而达到迅速抽空的目的。这是 QCL 的初始设计思路:量子效应决定子带间距,跃迁区和注入/弛豫区的逐级串联形成了级联特征。QCL 的特点：①工作波长由耦合量子阱子带间距决定、可实现波长的大范围剪裁(几微米到上百微米)；②它的有源区由多级耦合量子阱模块串接组成，可实现单电子注入的倍增光子输出而获得大功率；③QCL 的受激发射过程是发生在子带间，是一种超高速响应的激光器。第一个 QCL 是 InP 衬底上的 InGaAs/AlInAs 材料体系，而不是材料制备更容易的 GaAs/AlGaAs 材料体系，有两个主要的原因：①QCL 的激光增益与$(m_e)^{-3/2}$成正比，因 InGaAs 中电子有效质量 m_e 比 GaAs 中的电子有效质量小，所以 InGaAs/InAlAs 材料体系要比 GaAs/AlGaAs 材料体系的增益大；②InGaAs/InAlAs 材料体系的导带带阶要比 GaAs/AlGaAs 材料体系的导带带阶大，InGaAs/InAlAs 材料体系激光跃迁的高能态离阱口的能量间距大、更容易实现激射。除此之外，还有波导损耗、散热效率等方面的因素。图 3.7 是全结构 QCL 外延层序示意图，由于 QCL 的有源区每层层厚在 10nm 以

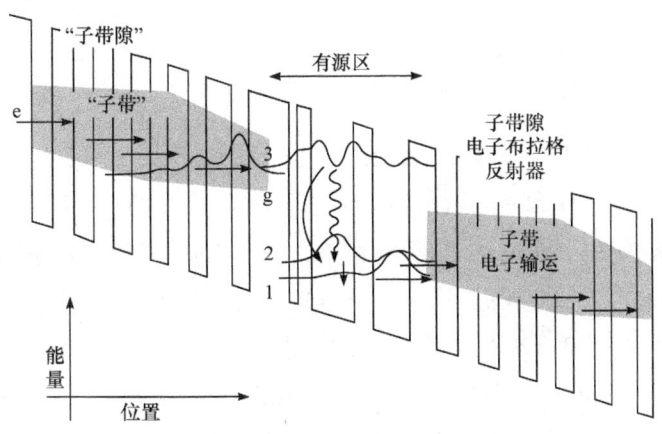

图 3.6　QCL 有源区偏压下导带结构示意图

下，需依次生长 500~1000 层，具有原位监控的 MBE 技术比较适用于这种结构的生长。随着材料设计的容错能力提高以及 MOCVD 技术的进步，自 2003 年之后 MOCVD 技术也常用于 QCL 材料制备。

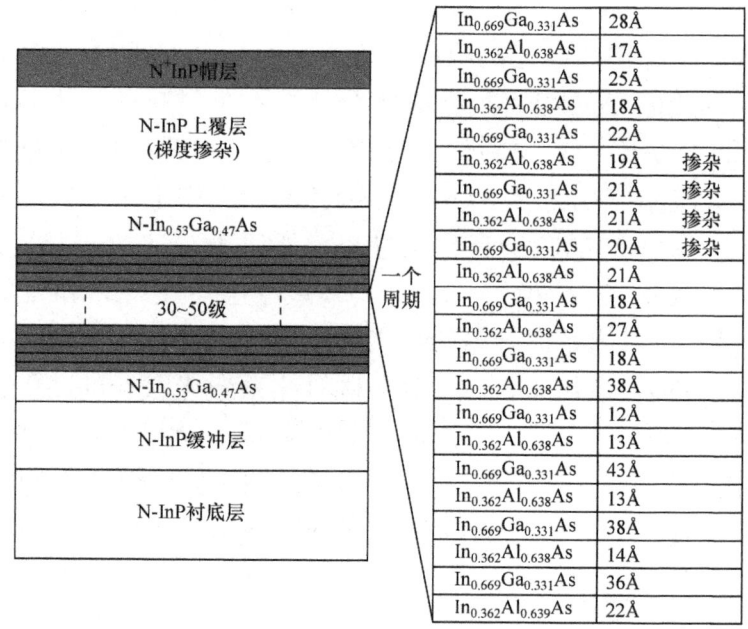

图 3.7　QCL 外延结构示意图

QCL 经历 25 年的发展，已经实现 3.4~17μm 的室温连续工作，在某些波段功率达到瓦级，已经应用于各类检测和遥感。利用大功率红外波段 QCL 的腔内差频可使 THz DFG-QCL 实现室温工作。从 QCL 发展进程看，电子有效质量是高性能 QCL 的最重要参数，InAs 衬底上 InAs/AlSb 材料体系 QCL 性能已经超越了 InP 衬底上 InGaAs/InAlAs 材料体系 QCL。随着材料制备技术的进步，可以预见电子有效质量小的 InAs、InSb 相关的材料体系可能是未来最有前景的 QCL 材料体系。

3.6.3 量子点激光器

量子点可通过不同材料和方法来制：化学溶胶量子点、界面涨落量子点、电极二维电子气量子点、半导体自组装生长量子点等等。20 世纪 90 年代初，利用 MBE 和 MOCVD 技术，通过 Stranski-Krastanow(S-K) 模式生长的 In(Ga)As/GaAs 自组装量子点等零维半导体材料有了突破性的进展，这种方式生长出的晶格较完整，尺寸较均匀，且密度和发射率较高的 InAs 量子点，并于 1994 年制备出近红外波段 InGaAs/GaAs 量子点激光器。简单地说，量子点激光器是由一个激光母体材料和组装在其中的量子点，以及一个激发并使量子点中粒子数反转的泵源所构成[18]。

量子点激光器的性能与量子阱激光器或量子线激光器相比，具有更低的阈值电流密度，更高的特征温度和更高的增益等优越特性。这主要由于在量子点材料(又称零维材料)中，载流子在三个运动方向上受到限制，载流子态密度与能量关系为δ函数，因而具有许多独特的物理性质，如量子效应、量子隧穿、非线性光学等，极大地改善了材料的性能。因此，不但在基础物理研究方面意义重大，而且在新型量子器件等方面显示出广阔的应用前景。

3.6.4 单光子发射

自组织量子点是一种"类原子"结构，基于应力驱动外延生长机理实现人工制备。高密度系综量子点(大约 100

个/μm²)发光谱呈现连续包络，反映量子点尺寸和能级的连续分布；低密度分立量子点(1~10 个/μm²)发光谱呈现孤立多峰，反映了量子点尺寸涨落导致的分立能态；若能隔离单个点，其发光谱将呈单线，体现类原子二能级跃迁效应，也就是每次只发射一个光子在时间序列上彼此孤立的反聚束发光效应[19]。半导体 InAs/GaAs 自组织量子点结构在实现单光子发光方面具有的优势在于：①其离散化局域电子态对外场响应非常强(弱激发下，单激子态发光产生稳定的单光子流；强激发下，双激子态级联发光产生稳定的偏振关联光子对)，是制备单光子源/纠缠光子源的理想材料；②可集成光学微腔、二极管、波导和光纤，增强定向发光，实现器件化；③其激子态自旋可通过外界光/电/磁场调控，其发射光子也"携带"激子态自旋信息，是研究量子自旋态制备操纵、实现远程纠缠的理想体系。

  自组织量子点单光子源已被证明具有高纯度、高计数率、共振激发下高相干性，可用于光量子计算、量子相干操纵、量子存储等。材料和器件方面未来需重点解决：①纯化单量子点周围环境减少引起量子点光谱抖动，研制高对称量子点；②掌握精密定位技术实现微腔与单量子点对准、光纤心对准，提高激发效率和单光子收集效率；③开发适于片上全同单光子产生、操纵、HBT 符合/Hong-Ou-Mandel 干涉测试的有源微腔——无源波导复合结构、高透过率波导分束器和 Mach-Zender 干涉仪的集成量子芯片，提高单光子微腔提取效率、光路收集效率、符合计数率。

3.7 半导体光电探测器工作原理

光的发射与探测是光电器件的两个极其重要的过程。探测过程与光发射过程相反:半导体材料吸收光子的能量,产生电子-空穴对,在内建电场或外加电场的作用下形成光电流,据此,人们设计出了另一大类器件光电探测器。光子能量大于带隙宽度 E_g 时,将发生本征吸收,而能量小时,可观察到杂质吸收、自由载流子吸收。本征吸收是构成光电探测器的基础。

光发射和光探测是相互依存的两个逆过程,半导体发光器件(半导体激光二极管、发光二极管、超辐射发光二极管等)把电能转变为光能、光信号,半导体探测器件(半导体光电探测器、太阳能电池、电荷耦合器件(CCD)等)把光信号、光能(激光、荧光、太阳能等)转变为电信号、电能。任何光电系统中都包含有这两类器件,它们共同在许多应用中发挥着重要的作用。

光电探测器的结构主要有四种[10]:光电二极管(Photodiode,PD)、pin 光电二极管、雪崩光电二极管(Avalanche Photodiodes,APD)和金属-半导体-金属(Metal-Semiconductor-Metal,MSM)光电二极管,它们各具特色,性能各异。pn 结光电二极管结构最简单、制造最容易;pin 光电二极管结构稍复杂一些,性能优异、应用最广;雪崩光电二极管结构复杂,同时兼有探测和放大两种功能;MSM 光电探测器无需制造 pn 结,适合于难于掺杂的半导体材料,使它们也能制成光电探测器,它同电子器件的制造工艺完全相容，能同 FET 场效应晶体管一起制成光电子集成回路。

半导体光电探测器覆盖了可见光波段、红外波段、远红外波段，近年来又覆盖紫外和太赫兹波段。半导体光电探测器的结构多种多样，本章将对它们进行具体的分析，介绍半导体材料的光吸收性能、光电探测器的结构、工作原理和特性，着重研究其物理机理。

3.7.1 半导体中的光吸收系数

无论是直接带隙半导体材料还是间接带隙半导体材料，都能够用来制备半导体光电探测器件。现在应用非常广泛的半导体光电探测器主要是 IV 族、III-V 族等材料制成的，例如 IV 族的 Si、Ge 和 SiGe 合金，III-V 族材料的 GaAs、InGaAs、InGaAsP、InGaN 等[20, 21]。异质结材料能够提供透明的窗口、很强的光学限制和优异的导波特性，因此，采用异质结材料来制备半导体光电探测器件的性能优异，显示出许多独特的性能，现在采用异质结材料研制出许多半导体光电探测器。

如果一束光入射到半导体材料上，传输一段距离之后，它会因光学吸收过程而使得光功率下降，其功率随着传输距离的变化为：

$$P_i(z) = P_{i0}\mathrm{e}^{-\alpha z} \tag{3.11}$$

式中，P_{i0} 和 $P_i(z)$ 分别为入射进入材料内部的光功率和传输一段距离 z 后在体内的光功率。式(3.11)表明，入射到半导体材料内的光功率会随着传输距离的增大而呈指数地衰减，其指数项中的系数 α 就是吸收系数。在 $z = d = 1/\alpha$ 处，吸收使光功率衰减为原来功率的 1/e，我们定义此时的 d 为光波的**穿透深度**。因此我们很容易地明白损耗系数 α 的物理意义：波长为 λ 的光波在某种材料中传输时，其损耗系数 α 就是该光波在该材料中的穿透深度 d 的倒数。

图 3.8 示出了 Si、a-Si:H、Ge、GaAs、InP、$In_{0.53}Ga_{0.47}As$ 和 $In_{0.7}Ga_{0.3}As_{0.64}P_{0.36}$ 等七种材料的吸收系数 α 同波长 λ 与光子能量 E 的关系。可以看出，它们的波长覆盖范围是非常不同的。Ge 的波长覆盖范围很宽，包括可见光范围和直到 1.6μm 的红外范围，因此，在这一宽的波长范围内 Ge 是制作各种光电探测器的好材料，特别是用于各类仪器设备中的探测器。$In_{0.53}GaAs_{0.47}$ 是一种三元固溶体，特别适合于制作长距离光纤通信系统中的探测器，在 1.3μm 和 1.55μm 这两个光纤通信波段都表现出很好的吸收特性，能

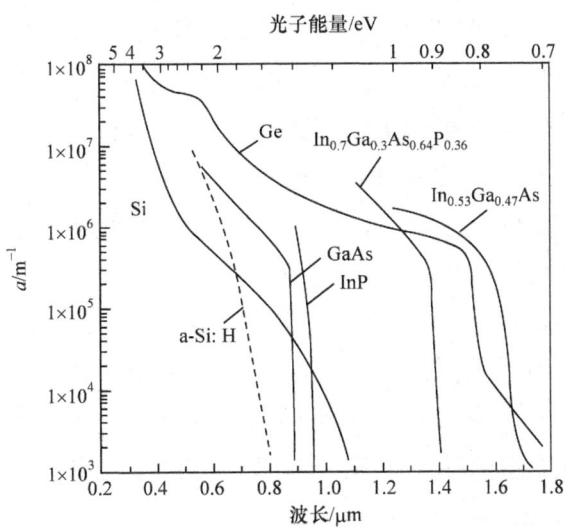

图 3.8　Si、Ge、GaAS 等材料的光吸收系数 α 同波长 λ 与光子能量 E 的关系

够制造出高性能的探测器，成为光纤通信系统中最常用的一类探测器。在可见光范围内，Si 和 GaAs 吸收系数也比较高，都是非常好的探测器材料。用 Si 制成的光电探测器表现出高速率、低噪声的优异性能，是所有探测器中的佼佼者。

无论是直接带隙半导体还是间接带隙半导体，都能制成光电探测器。光子能量较大($hv > E_g$)时，将发生本征吸收，而能量大于能带同杂质能级之差($hv > E_C - E_A$ 或 $E_D - E_V$)时，可观察到杂质吸收、自由载流子吸收。本征吸收、杂质吸收等是半导体吸收光的主要机制，从而构成光电探测器工作原理的基础。

从图 3.8 可以看出，对于每种材料来说，在其本征吸收边 λ_g 处，有一陡峭的吸收边，也就是说，入射波长小于 λ_g 时，会发生强烈的吸收，而波长比 λ_g 长时，材料是透明的，不吸收其光子。只要入射光的光子能量大于半导体材料的禁带宽度，都会发生光学吸收，因此，无论是直接带隙半导体材料(GaAs、InGaAs 等)还是间接带隙半导体材料(Si、Ge、SiGe 等)，都能用来制备半导体光电探测器。探测的波段可分为紫外、可见光、近红外、中红外、远红外、太赫兹波段等。可见光波段有 Si、InGaN 等探测器，紫外波段有 GaN 探测器，红外波段有 Ge、InGaAs、GaAs 等探测器，远红外波段有 TeCdHg 等探测器。至今制成光电二极管的材料还包括 Ge_xSi_{1-x}/Si、$In_{0.53}Ga_{0.47}As/In_xGa_{1-x}As_{1-y}P_y$/InP、$In_{0.53}Ga_{0.47}As/Al_{0.52}In_{0.48}As$、$Al_xGa_{1-x}As/GaAs$、$In_xGa_{1-x}N$/GaN 等异质结构，它们覆盖了紫外、可见光、近红外到红外的整个波段,为器件设计、性能改善提供了坚实的材料基础。

半导体对光的吸收机理可分为五种:本征吸收、杂质吸收、激子吸收、自由载流子吸收和晶格振动吸收。

本征吸收:电子吸收大于 E_g 的光子能量由价带跃迁至导带,产生一对电子-空穴对。

杂质吸收:电子吸收光子的能量在杂质能级间跃迁或者在杂质-能带间跃迁,能够产生自由载流子。掺杂半导体中,施主杂质能级同价带顶的能量差 $E_d - E_v$、导带底同受主杂质能级的能量差 $E_c - E_a$ 和施主杂质能级同受主杂质能级的能量差 $E_d - E_a$ 都小于 E_g,其中 E_d、E_a 分别为施主杂质和受主杂质能级。当电子吸收光子能量而实现带边-杂质能级(如 $E_a \to E_c$)或杂质能级之间($E_a \to E_d$)的跃迁,从而在导带或价带中产生自由载流子或使杂质能级电离,这种过程为杂质能级吸收。

激子吸收[10]:电子与空穴靠库仑力的作用相互束缚在一起,构成类氢原子态-激子,它们吸收入射光子的能量而产生自由的电子与空穴,这种由激子吸收光子而产生电子和空穴的过程叫作激子吸收。

自由载流子吸收:在导带中的电子或者价带中的空穴吸收光子能量跃迁到更高的能级,没有产生新的自由载流子。

晶格振动吸收:半导体材料中的电子或者空穴吸收外来光子的能量,产生声子,没有产生电子-空穴对,只是增强晶格振动使温度上升。

此外,还有双光子吸收、喇曼散射等过程,它们都是非线性光学问题。在光电子器件中,人们最关注的是带间跃迁光吸收和杂质能级光吸收，这些过程是线性光学问题。

3.7.2 带间本征光吸收

能量为 $h\nu$ 的光入射到直接带隙为 E_g 的半导体材料上，如果入射光的光子能量 $h\nu$ 比半导体的禁带宽度 E_g 大，$h\nu > E_g$，位于价带的电子就可能吸收光子的能量而被激发至导带中。这一过程称之为带间本征光吸收。

在这一讨论中，我们已经默认价带充满电子，而只考虑导带形状对光吸收的影响，实际半导体中，既要考虑杂质能级的光吸收，还要同时考虑导带和价带的能带形状对光吸收的影响。在间接带隙半导体中，光吸收过程还会有声子参与，因而需要采用二级微扰理论来处理光子吸收问题。

3.7.3 自由载流子光吸收

光子能量小于带隙时（$h\nu < E_g$），虽然不能造成带隙跃迁光吸收，但会影响导带中的自由电子和价带中的自由空穴的运动，这些自由载流子吸收光子的能量而加速。这种由于自由载流子吸收光子能量而改变运动状态的过程称之为自由载流子光吸收。

自由载流子吸收并不能产生新的自由载流子，只是改变原有的载流子在能带内部的能量位置。对于探测光信号没有贡献，因此在吸收区中应该尽量减少自由载流子吸收，以便提高探测的量子效率。

3.8　半导体探测器结构

3.8.1　pin 光电二极管

与简单的 pn 结的光电二极管相比，pin 光电二极管的器件结构复杂一些，它具有很好的器件特性，响应快、暗电流小、窄带宽、应用广，是目前用得最多的光电探测器件[10]。

图 3.9 示出了 pin 光电二极管的器件结构、电荷密度分布、电场分布和外加反向偏压的电路结构。同 pn 结光电二极管最大的不同之处在于在 p 和 n 区之间增加了一个没有掺杂、接近本征的 i 层。因此 pin 光电二极管是一个由 p 型层、i 层和 n 型层一起构成的半导体二极管。

虽然仅仅只增加了一层 i 层，但是它们的工作机理有很大的差别。图 3.9(c)表示出 pin 光电二极管的电场分布图。可以看出，在外加反偏置电压的作用下，本征区 i 区都为耗尽层，而且在整个 i 区的电场是均匀的。

pin PD 中的电场范围加宽了，包括 p^+ 区中的电荷层、耗尽层和 n^+ 区中的电荷层，这三层的总厚度比 pn 光电二极管中具有电场的区域厚得多。在电场作用下，光生载流子电子和空穴会很快地扫过耗尽层，并分别到达 n^+ 和 p^+ 区。飘移运动的速度比没有电场的区域中的扩散运动快得多，相应地光电效应的速率高很多，这就是 pin 光电二极管比 pn 光电二极管优越许多的根本原因。

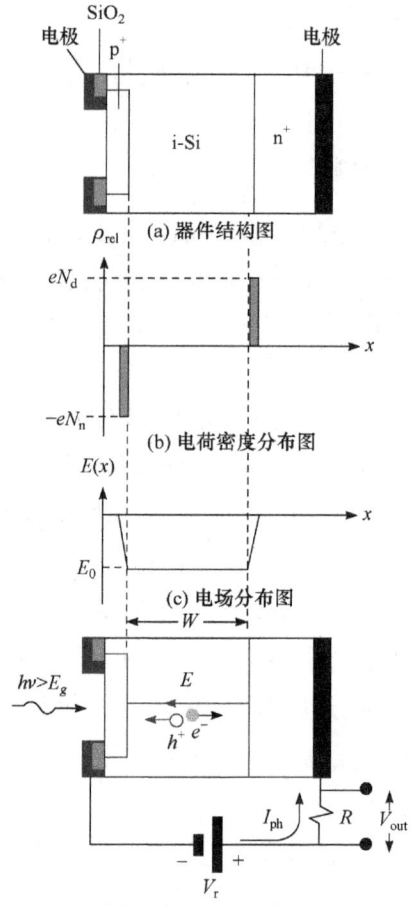

图 3.9 pin 光电二极管的工作原理示意图

3.8.2 雪崩光电二极管

雪崩光电二极管简称为 APD(Avalanche photodiode)，APD 是一种具有内部增益、能将探测到的光电流进行放大的有源器件，这种放大作用可以增加接收机的灵敏度[22, 23]。

雪崩光电二极管可以看作是 pin 光电二极管和场效应

晶体管(FET)的集成,同时兼有探测光学信号和放大电学信号的功能,它的探测灵敏度和效率都足够高,在一些实际系统中获得了一些的应用。但是它的制造工艺复杂、噪声比较大,又在某些方面限制了它的应用和发展。

图 3.10 示出了雪崩光电二极管的截面结构、电荷和电场分布作原理。雪崩光电二极管由一层薄薄的 n⁺层和三层 p 型层组成。同 pin 光电二极管不同的是:在 pin 的 n⁺层和

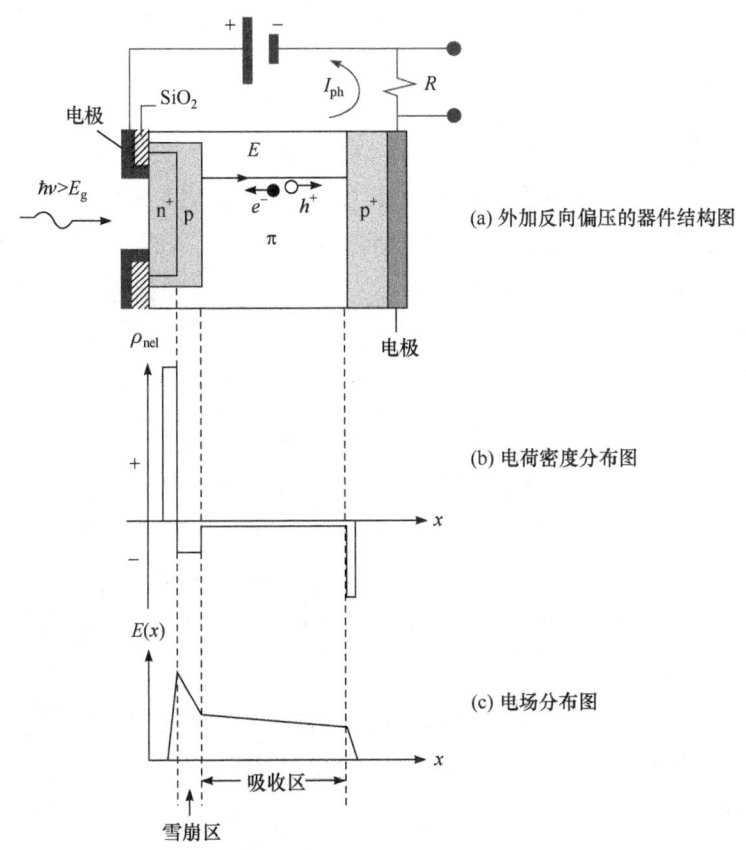

图 3.10 雪崩光电二极管的工作原理示意图

吸收区 i 层之间，插入了薄薄的轻掺 p 型层，这一新加入的 p 型层是一雪崩区。原来的 i 层改为非常轻掺杂的 p 型，几乎是本征的，标记为π，因此整个结构表示为 n$^+$pπp$^+$。

整个器件的电场分布如图 3.10(c)所示。当外加足够大的反向偏压、n$^+$p 结上的压降接近其击穿电压的 95%左右时，虽然没有击穿，但是已经十分接近击穿了，于是形成一高电场的雪崩区。雪崩区内电场很高，最高电场出现在 pn$^+$结的界面处，之后逐渐降低，并在 pπ结界面处出现电场强度的转折。在π区中电场强度基本上是常数，实际上是略微有些下降，整个π区构成吸收区。

雪崩效应：当入射光进入器件内产生光生载流子之后，光生电子和空穴在高电场区中会被电场加速，从而获得足够高的能量，它们的运动速度非常快，并同原子相互碰撞使它们电离，产生新的自由载流子，这种产生载流子的机理称之为碰撞电离。由于碰撞电离产生的载流子同样受高电场的作用获得高的能量，并进一步参与新的电离，使得总的自由载流子浓度成倍地增加，载流子的这种倍增现象称之为雪崩效应。图 3.11 形象地示出了半导体中的雪崩效应，图中的空心圆和实心圆分别为电子和空穴，碰撞用爆破符号表示。可以看出碰撞产生很多的电子-空穴对。正是这种雪崩效应将光生自由载流子的数量放大了，起到了增益的作用。

光生电子经过π区漂移至 pn$^+$结，在该区高场作用下发生雪崩效应产生自由载流子的数量增加了许多，是没有增益时的 M 倍。因此 APD 的响应度为 pin 光电二极管的 M 倍。显然，倍增因子 M 是外加反向电压的函数。

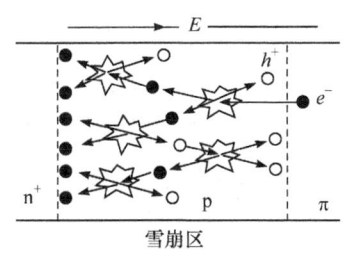 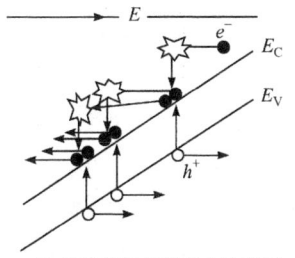

(a) 外加反向偏压时p层中的雪崩效应　　(b) 雪崩效应在能带中的表现

图 3.11　半导体中的雪崩效应

图 3.10 所示的雪崩光电二极管为"拉通型"探测器，"拉通"一词来源于光电二极管的工作特性。当外加反向偏压较低时，大部分电位降发生在 pn$^+$结两端。增大偏压，耗尽层的宽度随反向偏压的增加而增加。当反向偏压增大到雪崩击穿电压的 90%～95%时，耗尽层的宽度刚好"拉通"到几乎整个本征的π区。在工作条件下，虽然π区内比 p 区宽得多，电场也比高场区弱一些，但足以使载流子保持一定的漂移速度，在较宽的π区内只需短暂的渡越时间。这样一来，雪崩光电二极管既能获得快的响应速度，又具有一定的增益，同时还降低了过量噪声。因此拉通型的结构能使载流子浓度获得倍增而使过量噪声又很小。

由此可见，拉通型雪崩光电二极管中，将吸收区与倍增区融为一体、而将倍增区与漂移区分隔开来，这样的结构特点，使雪崩光电二极管既得到内部增益，又可以得到高的量子效率和响应速度。

3.9　半导体光电探测器的性能

半导体光电探测器的主要性能[24-26]为：响应度、量子效率、暗电流、噪声、信噪比和频率带宽等。响应度表征探测器将入射光转换为光电流信号的好坏程度；噪声则表征暗电流噪声、散粒噪声、表面漏电流噪声等因素引起的噪声信号的大小，它会限制整个探测系统达到某一特定误码率时所能允许的最小的信号强度；频率带宽表征探测系统能够工作的频率范围，它必须足以容纳应用系统传输信号的速率，通常光电探测器的带宽为系统传输比特率的 1.5 倍以上。

表 3.1 列出了一些半导体探测器的性能，包括 pin 和 APD 光电二极管的工作波长范围 λ_{range}、峰值波长 λ_{peak}、响应度 R、增益 g、响应时间 t_r 和暗电流 I_{dark}。可以看出，Si pin 光电二极管在维持较高的响应度的同时，暗电流 I_{dark} 其可以低达 0.01nA，因此可以在高速率的系统中获得应用。Si pin 光电二极管的倍增因子可以高达 100，比其他 APD 器件都高。InGaAs pin 和 APD 在光纤通信波段具有很好的性能，因此也获得广泛的应用。

表 3.1 半导体探测器性能一览表

光电二极管材料和结构	λ_{range}/nm	λ_{peak}/nm	R/(A/W)	g	t_r/ns	I_{dark}/nA
Si pn	200~1100	600~900	0.5~0.6	<1	0.5	0.01~0.1
Si pin	300~1100	800~900	0.5~0.6	<1	0.03~0.05	0.01~0.1
Si APD	400~1100	830~900	40~130	10~100	0.1	1~10
Ge pn	700~1800	1500~1600	0.4~0.7	<1	0.05	100~1000

续表

光电二极管 材料和结构	λ_{range} /nm	λ_{peak} /nm	R /(A/W)	g	t_r/ns	I_{dark} /nA
Ge APD	700~1700	1500~1600	4~14	10~20	0.1	1000~10000
InGaAs pin	800~1700	1500~1600	0.7~0.9	<1	0.03~0.1	0.1~10
InGaAs APD	800~1700	1500~1600	7~18	10~20	0.07~0.1	10~100

3.9.1 量子效率和响应度

在半导体内部，一个入射光子产生电子-空穴对的概率称之为光电二极管的量子效率，其定义为：

$$\eta = \frac{\text{生成的电子-空穴对数量}}{\text{入射光子数量}} = \frac{\dfrac{I_p}{e}}{\dfrac{P_{0i}}{h\nu}} = \frac{I_p h\nu}{eP_{0i}} \quad (3.12)$$

式中，I_p 为光电流，P_{0i} 为入射光到半导体内表面处的光功率，$h\nu$ 为入射光子的能量。实际的光电二极管中，常常用响应度 R 来表征单位入射光功率所产生的光电流，它等于入射光所产生的光电流除同入射光的光功率之比：

$$R = \frac{I_p}{P_0} = \frac{e\eta}{h\nu} = \frac{e\eta}{hc}\lambda \quad (3.13)$$

由该式可以看出，光电二极管的响应度 R 同它们的量子效率 η 和波长 λ 成正比，量子效率 η 越高响应度 R 也越高。实验上非常容易测量出入射光的功率和光电流的大小，因此响应度 R 是更常用的实验参量。

图 3.12 示出了不同材料制成的 pin 光电二极管的响应度 R 同波长 λ 的关系。量子效率和响应速率是光电探测器的两个重要特性，该图还标出了量子效率的坐标线，虽然不是常规的水平直线，但是依然可以确定量子效率的大小范围。

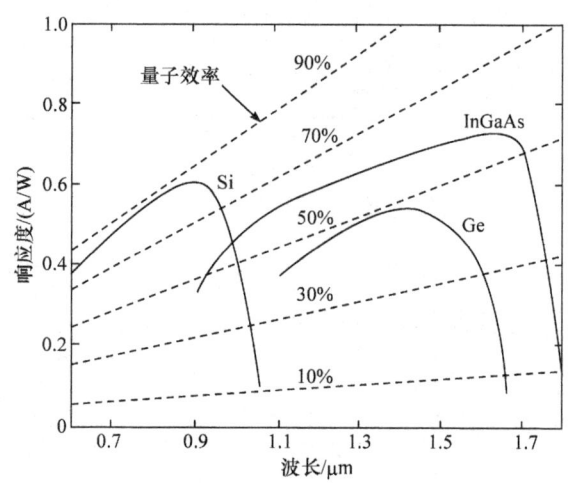

图 3.12 Si、Ge 和 InGaAs 的 pin 光电二极管的响应度 R 和量子效率同波长的关系

从该图还可以看出：

(1) 材料不同的光电二极管具有不同的响应度。在短波段，Si 的响应度较高，而在长波段，InGaAs 的响应度较高。因此，对不同的探测波段，应该选择合适的材料来制造探测器。

(2) 当波长一定时，响应度 R 为一固定值，它表明量子效率同入射光功率无关，因而光电流的大小与入射光的光功率 P_0 成正比。入射光的光功率 P_0 变化时，探测到的光电流也相应的变化。我们正好利用这一关系来探测变化多端的光学信号。

(3) 响应度 R 同量子效率 η 呈对应的关系，它们是波长 λ 的函数。

(4) 在一定的波长范围内，响应度 R 同波长 λ 呈线性的关系。

3.9.2 雪崩倍增因子 M

对于雪崩光电二极管来说，由于雪崩倍增效应的作用，获得了 M 倍的放大，因而雪崩光电二极管的响应度为：

$$R_{\text{APD}} = \frac{e\eta}{h\nu} M = R_0 M \tag{3.14}$$

式中，R_0 是倍增因子为 1 时的响应度。

图 3.13 示出了 Si 雪崩光电二极管的倍增因子 M 同反向偏压 V 的关系。V_B=380V，为该雪崩光电二极管的反向击穿电压。可以看出，在整个范围内倍增因子 M 随着反向偏压 V 的增加而增加，可以高达 50 甚至 100；同时，在反向击穿电压 V_B 附近，倍增因子 M 急剧增加，因此这类器件应当在稳定的反向偏置电压下工作。

正如式(3.13)所示，响应度 R 同波长 λ 成正比。对于不同波长来说，Si 雪崩光电二极管的倍增因子 M 也是不同的。波长越长时，光的吸收效率更大，光注入进半导体内部的深度更深，同样功率的光注入会产生更多的电子-空穴对，雪崩效应更为明显，相应地倍增因子 M 也越大。

3.9.3 暗电流和信噪比

光电二极管中，没有光照时，在半导体内部，由于热

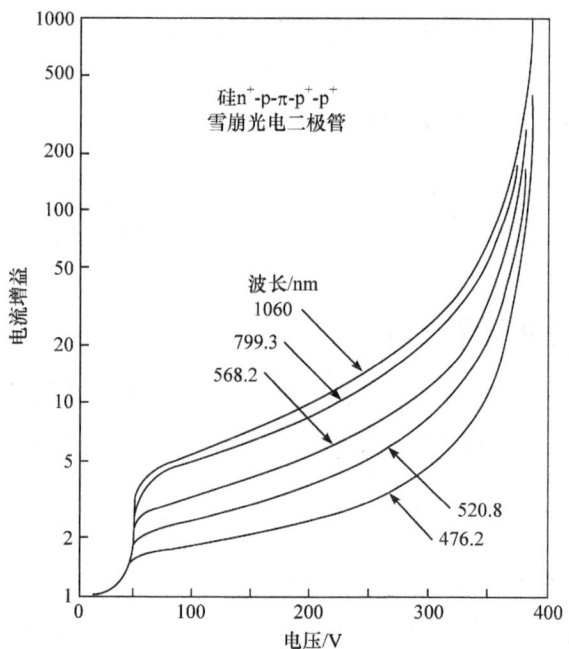

图 3.13　Si 雪崩光电二极管的倍增因子 M 同反向偏压 V 的关系

电子发射等原因也会产生自由载流子电子和空穴，它们在电场的作用下也会产生电流，这种无光照时在电路上流动的电流称之为暗电流。暗电流是一种噪声信号，我们希望它越小越好。为此，我们必须了解产生暗电流的机制和原因，以便尽可能地降低它。

以光电二极管为例，暗电流由本体暗电流 i_{DB} 和表面漏电流 i_{DF} 两部分组成。前者是光电二极管的 pn 结中因为热生成的电子和空穴所引起的，后者同表面缺陷、清洁度、偏置电压、表面面积等因素有关。

采用半导体光电探测器和电子电路一起安装成光学接收机，它接收入射光、输出电信号。在光学接收机的输出端，光电流产生的信号功率同光电探测器的噪声功率与放大器电路的噪声功率之和的比值，称之为探测系统的信噪比。功率信噪比 S/N 为：

$$\frac{S}{N} = \frac{光电流产生的信号功率}{光探测器的噪声功率 + 放大器的噪声功率} \quad (3.15)$$

显而易见，半导体光电探测器的灵敏度越高，信号就越强；探测器的噪声越小，光学接收机的信噪比就越小。为了提高信噪比，应当尽量提高探测器的灵敏度和降低探测器的噪声。为此光学接收机应该满足如下条件：

(1) 探测器具有高的量子效率，亦即高的响应度 R，以便产生大的光电流信号功率；

(2) 探测器的噪声尽可能地小，光学接收机的放大器电路的噪声也要尽可能地小。

3.9.4 雪崩倍增噪声

雪崩光电二极管中的雪崩过程产生的噪声与倍增有关，因此其噪声可能是相当大的。

过剩噪声因子 F 是雪崩光电二极管中实际的噪声同所有载流子在其倍增恰好是 M 时的噪声的比值。

过剩噪声因子 F 依赖于电子电离率和空穴电离率之比值和载流子的倍增系数。电子的电离率是指一个自由电子在很高的电场作用下加速，它会同其他原子碰撞使它们电离，电离后形成的自由的电子-空穴对数目便为电离率。在同样的电场强度下，Si 中电子的电离率比空穴的电离率大很多，而 GaAs 的电子的电离率同空穴的电离率相差不大。

3.9.5 响应时间

当一束光入射到半导体光电探测器上,产生自由的电子-空穴对,它们在电场的作用下分别朝相反的电极流去。只有电子和空穴到达电极并形成光电流之后才能在外电路上探测出来。这整个过程需要一定的时间。由入射光转变为光电流所需的时间就是响应时间。影响探测器的响应时间的因素有三个。

(1) 耗尽层中光生载流子的渡越时间:入射光被吸收层吸收后变为自由电子-空穴对,在耗尽层中电子和空穴在电场的作用下运动,电子和空穴在电场的作用下运动所需的时间为载流子的渡越时间。

(2) 耗尽层外载流子的扩散时间:在耗尽层外面,没有电场强度,光生载流子电子和空穴的运动依靠扩散运动来完成,光生载流子的浓度是不均匀的,高浓度处的电子和空穴会向低浓度处扩散,在耗尽层外完成这一过程所需的时间为载流子的扩散时间。

(3) RC 时间常数:光学接收机是由光电探测器及有关电路组成的,它们会有负载电阻和一些寄生电容,从而引起信号的延迟,这种负载电阻和分布电容引起的信号延迟所需的时间称之为 RC 时间常数。

3.10 多量子阱、二类超晶格红外探测器和单光子探测

3.10.1 GaAs/AlGaAs 多量子阱探测器

量子阱红外探测器(Quantum Well Infrared Photo-detector,

QWIP)是利用量子阱内子带间电子跃迁产生光电流效应制成的，借助于能带工程可设计实现不同红外波长的吸收，采用 MBE 或 MOCVD 可生长出吸收特定红外波长的人工结构材料，经半导体工艺加工可制成共聚焦平面探测器。由于 GaAs 和 AlGaAs 材料体系具有完美的晶格匹配特征[27]，为制备大规模高性能红外焦平面探测器提供可能。

生长技术，交替生长作为势阱层的 GaAs(或 InGaAs)材料和作为势垒层的 AlGaAs(或 GaAs)材料，通过改变量子阱宽度和势垒高度对带隙宽度进行人工剪裁，可用于大气窗口 3~5μm 和 8~14μm 红外的探测。其探测机理是利用半导体材料的子带跃迁，实现红外光的吸收，量子阱导带内基态电子(或空穴)在红外辐射作用下，向高能带跃迁，并在外电场作用下作定向运动，从而形成与入射光强成正比的光电流。相较于其他类型红外探测器，QWIP 有着响应率高、大面阵以及探测波长可进行调节等众多优点，可生产出均匀性好、高质量的大面阵多量子阱材料，这也极大地推动了 QWIP 的发展。

3.10.2　锑化物二类超晶格红外探测器

InAs/GaSb 二类超晶格红外探测器具备带隙可调，暗电流小，量子效率高，材料均匀性高，以及成本低等优越性能，使其逐步成为高性能的红外焦平面探测器[28]。

从能带排列上看，InAs/GaSb 超晶格的电子与空穴虽然分别处于 InAs/GaSb 层中，但超晶格的有效带隙取决于电子与空穴形成的微带，类似于通常半导体的带隙由导带与价带决定。InAs/GaSb 超晶格微带的导带最低点与价带

最高点处于 k 空间的同一位置,所以实际上 InAs/GaSb Ⅱ类超晶格是直接带隙结构,直接带隙能带结构有较高的电子跃迁概率,保证了较高的光吸收系数,有利于材料对光子的吸收。由于 InAs/GaSb 超晶格电子波函数的离域化,可以吸收不同入射方向的光子,所以Ⅱ类超晶格探测器不需要类似量子阱红外探测器精密复杂的光栅结构就能达到远高于量子阱体系的量子效率,接近 HgCdTe 材料体系红外探测器的量子效率。量子阱红外探测器的响应谱属于窄谱响应,而 InAs/GaSb 超晶格则属于宽谱响应,只要光子能量大于超晶格有效带隙就能被吸收。由于 InAs 与 GaSb 的晶格常数存在差异,所以 InAs/GaSb 超晶格又属于应变超晶格,GaSb 层相对于 InAs 层受到压应力,导致轻重空穴带分离,因此降低了俄歇复合概率,从而降低了器件的产生复合暗电流。因此,理论上 InAs/GaSb 超晶格是获得高温(> 110K)红外探测器的理想材料。在晶格匹配的 GaSb 衬底上,能够外延生长得到大面积、高均匀性的 InAs/GaSb 红外探测器。

探测器包括 PIN、W 结构、PπMN 结构、BIRD、CBIRD 结构,以及单极势垒型等多种器件结构的单元及焦平面探测器,主要体现在探测器制备规模的发展、器件暗电流和阻抗的改善、探测率和器件工作温度提高等方面。锑化物多色红外探测器成功实现了低噪声、高量子效率以及低光学串扰的短/中、短/长、中/长、长/长、中/长/甚长波等多种高性能多色红外探测器。

3.10.3 单光子探测

如何利用一个剧烈的链式反应去实现可控探测的目

的，答案很简单，APD 被偏置在击穿电压之上，待单个光子入射产生的空穴引起雪崩击穿，形成的大电流被外围电路检测到之后，再人为地减少载流子数目就可以停止雪崩过程，最基本的方法就是降低 APD 的偏置电压，这就形成了一个电脉冲输出信号即检测到一个光子。有三种工作模式可以实现雪崩探测：被动抑制、主动抑制和门模式[29]。

APD 自身具有增益机制。当偏置电压超过某一值，APD 输出电流会迅速增长，幅度增益可达 10^6，这个电压值被称为雪崩击穿电压 V_{break}。作为常规光电探测器使用时，APD 的偏置电压低于 V_{break}；要探测单个光子这样微弱的光信号，偏置电压会以某种方式高于 V_{break}，此时的 APD 才能称为单光子探测(SPAD)。

量子信息用的探测器应具有高检测效率，低暗计数率，低死时间，以及高计数率。在光子探测器的开发中，器件的实用性也应作为一个重要指标。为了未来的大规模应用，光子探测器必须不依赖于低温(<200K)系统，并具有体积小和成本低的优点。半导体雪崩二极管在实用性方面是一个自然的选择：二极管可以大规模、低成本生产，体积小，且可以在接近于室温下工作。常用的单光子雪崩二极管分为两种：硅基及铟镓砷基。前者用于可见光单光子检测，而后者用于近红外单光子检测。半导体雪崩二极管同时具有较高的光子检测性能。半导体二极管也可以和其他光学器件集成，从而形成一个紧凑的量子系统。基于其性能及实用性，半导体雪崩二极管在量子信息领域已经处于主导地位。

电子集成是科学研究和技术革命的必然，20 世纪成就了电子集成。光子集成是信息时代的需要，21世纪将成就光子集成。

进入21世纪信息时代后，我们将面临两个挑战：信息量增加的挑战和能耗的挑战。信息社会要求传输更大容量的信息，而这些信息又会带来功耗的增加。出路何在？答案就是光子集成。光子集成主要依赖于半导体激光器和探测器，为实现器件体积小、功耗低、速率快、容量大等性能，采用量子结构和应用量子效应是必然之路。

集成(integration)就是采用先进的工艺技术将分立的元器件集中在一起，彼此产生联系，构成一个有机的整体，实现材料、器件、结构、功能的集成。电子集成是集成电路芯片，其关键在于解决系统之间的电学信号的互连和操作。光子集成是集成光路芯片，将分立的光子器件集成在一起，实现光学信息功能的集成，其关键在于解决光源、光探测和系统之间的光互连等问题。

光子集成有单片光子集成、立体光子集成、混合光子集成，涉及的技术有外延生长、微纳加工、键合、封装和测试等。外延生长、微纳加工和键合技术是难度大、技术含量高的关键技术。

显然，半导体量子光电器件的进展为光子集成提供了坚实的基础，无论是量子结构激光器还是探测器将是光子集成中的主要元部件，它们能够提供光信号的发射和探测，同波导器件组合在一起构成光学回路，再同电子器件集成在一起，构成能够对电和光的信息和能量进行产生、调控、传输、探测的完整电学和光学回路，在信息量、传输速率上获得重大突破。真正把21世纪变成信息时代。

参 考 文 献

[1] 余金中. 半导体光子学. 北京: 科学出版社, 2015.
[2] Kasap S O. Optoelectronics and Photonics: Principles and Practices. Beijing: Publishing House of Electronics Industry, 2003.
[3] 周炳琨, 高以智, 陈偶嵘. 激光原理(第 4 版). 北京: 国防工业出版社, 2000.
[4] Hayashi I, Panish, M B. GaAs/Ga$_x$Al$_{1-x}$As heterostructure injection lasers which exhibit low thresholds at room temperature. Journal of Applied Physics, 1970, 41(1): 150-163.
[5] D 'Asaro L A, Dyment J C, North J C. Proton bombardment formation of stripe-geometry heterostructure lasers for 300°K CW operation// International Electron Devices Meeting, IEEE, 1972, 60(6): 726-728.
[6] Hayashi I, Panish M B, Reinhart F K. GaAs/Al$_x$Ga$_{1-x}$As double heterostructure injection lasers. Journal of Applied Physics, 1971, 42(5): 1929-1941.
[7] 江建平. 半导体激光器. 北京: 电子工业出版社, 2000.
[8] Esaki L, Tsu R. Superlattice and negative differential conductivity in semiconductors. IBM Journal of Research Development, 1970, 14(1): 61-65.
[9] Van D, Dingle R, Miller R C, et al. Laser oscillation from quantum states in very thin GaAsAl$_{0.2}$/Ga$_{0.8}$As multilayer structures. Applied Physics Letters, 1975, 26(8): 463-465.
[10] Frensley W R, Einspruch N G. Heterostructures and Quantum Devices. New York: Academic Press, 1994.
[11] Vojak B A, Holonyak N, Chin R, et al. Tunnel injection and phonon-assisted recombination in multiple quantum-well Al$_x$Ga$_{1-x}$As/GaAs p-n heterostructure lasers grown by metalorganic chemical vapor deposition. Journal of Applied Physics, 1979, 50(9): 5835-5840.
[12] Arakawa Y, Vahala K, Yariv A. Quantum noise and dynamics in quantum well and quantum wire lasers. Applied Physics Letter, 1984, 45(9): 950-952.
[13] Bhumbra B S, Glew R W, Greene P D, et al. High power operation of GaInAsP/GaInAs MQW ridge lasers emitting at 1.48μm. Electronics Letters, 2002, 26(21): 1755-1756.
[14] Nakamura M, Yariv A, Yen H W, et al. Optically pumped GaAs surface laser with corrugation feedback. Applied Physics Letters, 1973, 22(10): 515-516.

[15] Streifer W, Scifres D, Burnham R. Coupled wave analysis of DFB and DBR lasers. IEEE Journal of Quantum Electronics, 1977, 13(4): 134-141.
[16] 周旭彦, 赵少宇, 马晓龙, 等. 低垂直发散角高亮度光子晶体半导体激光器. 中国激光, 2017, 44(2): 134-143.
[17] 赵越, 张锦川, 刘传威, 等. 中远红外量子级联激光器研究进展. 红外与激光工程, 2018, 47(10): 1-10.
[18] 王占国. 半导体量子点激光器研究进展. 物理, 2000. 29(11): 643-648.
[19] 尚向军, 马奔, 陈泽升, 等. 半导体自组织量子点量子发光机理与器件. 物理学报, 2018. 67(22): 227801.
[20] 凯泽. 光纤通信原理. 北京: 人民邮电出版社, 1988.
[21] Naval L, Jalali B, Gomelsky L, et al. Optimization of SiGe/Si waveguide photodetectors operating at 1.3μm. Journal of Lightwave Technology, 1996, 14(5): 787-797.
[22] Temkin H, Antreasyan A, Olsson N, et al. GeSi Rib waveguide avalanche photodetectors for 1. 3μm operation. Applied Physics Letters, 1986, 49(13): 809-811.
[23] Ejeckam F E, Chua C L, Zhu Z H, et al. High‐performance InGaAs photodetectors on Si and GaAs substrates. Applied Physics Letters, 1995, 67(26): 3936-3938.
[24] Kressel H, Arnold G. Semiconductor Devices for Optical Communication. New York: Springer-Verlag, 1982.
[25] Dosunmu O I, Cannon D D, Emsley M K, et al. High-speed resonant cavity enhanced Ge photodetectors on reflecting Si substrates for 1550nm operation. Photonics Technology Letters IEEE, 2004, 17(1): 175-177.
[26] Vivien L, Rouvière M, Fédéli JM, et al. High speed and high responsivity germanium photodetector integrated in a Silicon-On-Insulator microwaveguide. Optics Express, 2007, 15(15): 9843-9848.
[27] 陈良惠. III-V族半导体全（多）光谱焦平面探测器新进展. 红外与激光工程, 2008, 37(1): 1-8.
[28] 蒋洞微, 徐应强, 王国伟, 等. 基于锑化物二类超晶格的多色红外探测器研究进展. 人工晶体学报, 2020, 49(12): 2211-2220.
[29] 刘伟, 杨富华. 近红外单光子探测. 物理, 2010, 39(12): 825-831.

第4章 量子传感器件

4.1 量子传感器物理基础

量子传感指的是利用量子系统、量子特性或量子现象来测量物理量的技术。历史上，量子传感器的例子包括超导量子干涉装置(Superconducting Quantum Interference Device, SQUID)，原子蒸气或原子钟磁强计等。近年来，量子传感已经成为量子科学、量子工程和量子技术领域中一个独特且快速发展的研究分支。最常见的量子传感平台包括原子、Rydberg原子、受限离子、电子、光子、中子、氮原子-空位(NV)中心，以及半导体量子点、原子钟等，这些物理体系可以用来构筑自旋量子比特和通量量子比特[1]。量子传感为基础物理、应用物理和其他科学领域提供了崭新的学科发展途径，特别是高灵敏度、高精度的极限传感。比如经典光学显微镜所能分辨的最细微细节不能比光的半波长小，但是使用纠缠光子技术可以对比光波长小很多的几何特征量进行成像。量子干涉光刻采用纠缠量子态，分辨率为$\lambda/(4N)$，其中λ和N分别为光的波长和测量次数(或传感系综的系统总数)，比经典方法的分辨率($\lambda/2$)高得多。这一章主要描述量子传感的基本概念、原理和方法，并介绍几种量子传感器。

无论是光电探测，还是对声波或化学气体的探测，都是通过被探测对象的信号物理量同材料的相互作用，使材料的物理参数发生变化，根据材料物理参数变化同被探测对象信号物理量的定量关系实现传感过程。比如在光电传感过程中，入射到半导体表面的光子被半导体吸收，使半导体材料的电学参数发生改变，这种改变就对应着所要探测的信号光子。之所以将材料做成器件，无非是利用器件结构提高传感灵敏度、稳定性、选择性等。量子传感就是利用传感材料/器件的量子力学特性对被测物质信号的响应实现传感(探测)的过程。根据学术界的共识，量子传感所基于的物理基础大致可以分成三类，即量子传感至少利用了以下三类物理特性之一[1]。

(1) 利用电、磁、超导振动态以及自旋量子态等量子化能级

量子体系，诸如半导体材料、超导材料、量子点、原子、离子、质子和中子等具有量子化的能级，可用来构筑第 1 类量子传感器。量子点被广泛用作电荷传感器，并通过自旋-电荷转换实现自旋量子比特的高精度读出。单电子晶体管和栅控量子点也是类似的器件，具有足够高的量子传感灵敏度和带宽。以一对量子点为例，通过确定双量子点中两个电子是处于(1，1)或(0，2)电荷占据率组态，如果时间标度快于自旋弛豫时间,可通过自旋-电荷转换测量自旋量子能态。其他如光力系统(Optomechanics)等也可以作为这类量子传感器[2]。

量子系统应具有特定的量子态，其特征物理量同被测量外场的参数(包括外场强度、偏振、相位)存在对应的依赖关系。比如，自旋态能级的 Zeeman 分裂同外磁场强度

有关。量子系统对外场响应的敏感度很大程度上是决定量子传感器性能的关键。最简单的量子系统是如图 4.1 所示的两能级系统。假设这个系统由一个低能量子态$|0\rangle$和一个高能量子态$|1\rangle$构成，其能量间隔为 E。当电子吸收了被探测光子的能量 $E = \hbar\omega$ 就能从$|0\rangle$态跃迁到$|1\rangle$态。假如被探测信号引起$|1\rangle$态能级能量变化，电子跃迁频率 ω 或跃迁速率 R 也会发生相应变化。量子传感测量的是如图所示的 $\Delta E = \hbar(\omega' - \omega)$ 或 $\Delta R = R' - R$。

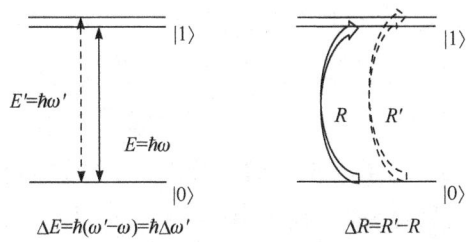

图 4.1　由一个基态$|0\rangle$和一个激发态$|1\rangle$组成的双能级量子系统

被探测的信号引起量子系统跃迁频率 ω (左图)或跃迁速率 R (右图)发生变化。其中 E' 和 $E(R'$ 和 $R)$分别代表有被测信号和无被测信号时的跃迁能量(跃迁速率)。非量子传感测量的是 E 和 R。为简单起见，假定被探测信号仅导致$|1\rangle$态变化

(2) 利用量子相干性，即波函数的空间或时间叠加态

不同于经典力学，波函数的空间或时间叠加是量子力学的基本内涵之一。中子不带电，能够穿透原子质量很大的样品，而中子又有自旋磁矩，因此对磁场高度敏感。这些特性同射线照相和层析成像相结合后，可以成为研究固体材料内部宏观磁现象的独特技术。这一探测过程用到了量子相干性，即波函数的空间或时间叠加态，其独特之处不仅在于提供了有关自旋与磁场相互作用的空间信息，还

在于能够测量材料的内部磁场。这一优越性是任何其他常规技术都无法做到的，在有些特殊场景的磁场测量中具有特别重要的价值。

(3) 利用量子体系的量子纠缠特性

在某些量子传感过程中，被测物质信号物理量可以使量子传感系统中电子的量子纠缠特性发生改变。量子传感器必须准确地读出这种改变，并建立定量的对应关系。比如 Rydberg 原子是一个电子处于高激发态的原子，电子在高激发态轨道受到的束缚很微弱，因此极易受外电场的影响。用量子力学的语言，高激发态下的原子通过强电偶极子跃迁耦合产生大的斯塔克位移，利用激光可以诱导并读出这种状态。当 Rydberg 原子用于量子传感，由 Rydberg 态构筑量子比特，量子体系初始化和读出大都通过光学方法完成。利用 Rydberg 偶极相互作用作为中性原子量子门的设想早在 2000 年就提出了[3]。

在上述三个分类中，第 1 类具有相当的广泛性，许多物理系统表现量子特性，存在"明显"的量子态，或可以通过材料和结构设计产生明显的量子态。事实上，一些经典系统有时也会表现一定的量子特性。第 2 类基于量子力学描述微观世界的基本特征，即微观世界状态由对应的波函数描述，波函数符合空间或时间叠加原理。第 3 类具有最明显的量子力学特性。第 3 类量子传感器基于量子纠缠现象，而量子纠缠是微观粒子中客观存在的现象。"墨子号"卫星的天-地量子密钥分发实验证明存在这样一种超距离作用，即便两个光子相距 500 公里，它们之间依然存在量子纠缠。比如两个偏振方向相互垂直的光子形成双光子纠缠态，知道了其中一个光子的偏振态之后，另一个光子的偏振态也就确定了，而在测量之前两个处于"纠缠"中的光子则不能确定各自的偏振状态。这类似于两个纠缠光子之间存在某种"感应"，而这种感应的"传递"速度接近无限快。现有的实验表明，量子纠缠"感应"速度至少是光速的1万倍。当然，这并不违背相对论。相对论认为静止质量不为零的物质，其运动速度不能达到和超过真空中的光速，而两个纠缠光子之间的"感应"不是通过实物粒子实现的。显然，由于第3类量子传感器依赖于量子纠缠，需要两个和两个以上的传感量子比特。一个著名的例子是使用纠缠态进行海森堡极限测量[4]。

通常，量子传感器的探测灵敏度、精度、速度等性能都要远超对应基于经典原理的传感器。量子传感器的性能依赖于具体的器件结构设计，在针对小信号、极微弱信号探测时表现非常高的传感灵敏度和精度，以及对干扰和噪声的强有力抑制能力。量子传感已经成为量子技术的主要领域之一，不久的将来将开发出各种类型的量子传感器，并在实际应用中逐步推广。作为量子系统的量子传感器一般应具备以下五个必要的属性。

(1) 具有分裂、离散的能级，能级或可以构筑量子叠加态、纠缠态；

(2) 可被初始化到一个稳定的可读状态；

(3) 量子系统可以被相干地操纵；

(4) 对被测信号的响应非常灵敏；

(5) 具有高灵敏、低噪声的信号读出能力。

使用量子系统进行测量的基本方法涉及一些通用的概

念，上述五个基本属性是根据通用概念来归纳的，在实际量子传感过程中具体细节可能不同。比如，一些量子传感过程改变的可能是系统的量子相位。

能带理论被认为是 20 世纪固体物理研究最重要的成果。固体能带可以通过量子力学的薛定谔方程进行精确计算。而固体，特别是半导体能带的主要特征是存在绝对零度之下电子态完全被占据的价带和完全未被占据的导带。经典的半导体光电探测原理是价带电子吸收了光子以后跃迁到导带，使半导体的电学参数发生变化。尽管价带和导带都是量子态，吸收光子后涉及电子在两个量子态之间的跃迁，学术界并不将这类跃迁所对应的探测归于量子探测的范畴。

4.2 传感过程的量子力学描述

基于量子力学的基本原理，量子传感系统的哈密顿量可以写成：

$$\hat{H}(t) = \hat{H}_0 + \hat{H}_C(t) + \hat{H}_U(t) \tag{4.1}$$

其中，$\hat{H}_0$ 是量子传感器本身的哈密顿算符，$\hat{H}_C(t)$ 表示对量子器件进行调控的哈密顿算符，用于改变传感器系统的量子态，可被称为调控哈密顿。$\hat{H}_U(t)$ 是被探测信号物理量同传感系统量子态之间的相互作用哈密顿算符，即被测信号同传感系统量子态构成的耦合，简单起见称为信号哈密顿。传感器本身的 $\hat{H}_0$ 一般是已知的，具体的形式同传感器的原子(或离子、材料等)和器件结构有关。利用狄拉克符号，$\hat{H}_0$ 可以写成：

$$\hat{H}_0 = \sum_n E_n |n\rangle\langle n| \tag{4.2}$$

其中，E_n 和 $|n\rangle$ 为量子数为 n 的本征值和本征态。量子传感多利用二能级系统，这时上式写成：

$$\hat{H}_0 = E_0|0\rangle\langle 0| + E_1|1\rangle\langle 1| \tag{4.3}$$

这里 E_0 和 E_1 分别为状态 $|0\rangle$ 和状态 $|1\rangle$ 的本征值，$|0\rangle$ 和 $|1\rangle$ 可以构成量子传感器的量子比特。如果 $|0\rangle$ 和 $|1\rangle$ 是简并态，这时所谓的跃迁发生在两个等能量状态之间。利用特定的量子调控手段可以消除简并。严格意义上说，传感器的哈密顿量中还应包含与时间相关部分，以及同量子比特存在相互作用的其他随机项。因此 $|0\rangle$ 和 $|1\rangle$ 构成的量子比特并不是独立的，时间相关的随机项会导致量子比特发生退相干和弛豫。值得指出的是，由于体系处于外部经典和量子环境中，环境也会引起量子比特发生退相干和弛豫。对量子传感器而言，其他时间依赖随机项和外部环境影响体现为噪声，应尽可能抑制。

调控哈密顿 $\hat{H}_C(t)$ 的作用是在一定范围内操控传感器中的量子态，让量子传感器进入相应的状态而使传感器针对特定信号表现最佳的探测性能。对于确定结构的量子传感器，往往有一定的范围可以选择不同的 $\hat{H}_C(t)$，使器件适用于不同的传感对象，即探测不同的信号。在 $\hat{H}_C(t)$ 操控下，信号哈密顿 $\hat{H}_U(t)$ 作用于传感器(注意我们这里不用诸如"光子被吸收"等经典传感器的工作术语)，使传感器的量子态发生改变。测量量子态的改变就可以获得被测信号的某个或多个物理量。在此过程中，$\hat{H}_C(t)$ 的选择需要确保高的传感器性能。对于大多数量子传感协议来说，需要在传感实施之前、期间或之后操纵量子比特，这一般是通过调控哈密顿 $\hat{H}_C(t)$ 实现的。

信号哈密顿 $\hat{H}_U(t)$ 是被测信号同量子传感体系量子态的相互作用哈密顿，由总被测信号中同量子传感体系耦合部分所贡献，没有耦合的部分可以忽略。假定信号较弱(量子传感器探测的一般都是极微弱信号，因此这个假定具有相当的普适性)，$\hat{H}_U(t)$ 会给 $\hat{H}_0$ 添加一个小的扰动。信号哈密顿由两部分的贡献相加，即：

$$\hat{H}_U(t) = \hat{H}_{U_c}(t) + \hat{H}_{U_n}(t) \tag{4.4}$$

其中，$\hat{H}_{U_c}(t)$ 和 $\hat{H}_{U_n}(t)$ 分别是信号哈密顿中同量子传感器体系哈密顿 $\hat{H}_0$ 对易和非对易的部分。利用狄拉克符号，这两个组成部分可以写成：

$$\hat{H}_{U_c}(t) = \frac{1}{2}\xi U_c(t)\left[|1\rangle\langle 1| - |0\rangle\langle 0|\right] \tag{4.5a}$$

$$\hat{H}_{U_n}(t) = \frac{1}{2}\xi\left[U_n(t)|1\rangle\langle 0| - U_n^\dagger(t)|0\rangle\langle 1|\right] \tag{4.5b}$$

其中，ξ 是表征传感器量子比特与信号 $U(t)$ 的耦合强弱的参数(或称为转换参数)，取决于传感器量子态同被测信号物理量。$U_c(t)$ 和 $U_n(t)$ 是 $U(t)$ 中分别同 $\hat{H}_{U_c}(t)$ 和 $\hat{H}_{U_n}(t)$ 相对应的函数部分。耦合通常是线性的，但这并不是耦合的必要条件。

$\hat{H}_{U_c}(t)$ 和 $\hat{H}_{U_n}(t)$，即信号哈密顿中的对易分量和非对

易分量,对量子传感器的影响明显不同。非对易微扰 $\hat{H}_{U_n}(t)$ 诱导能级间的跃迁,改变跃迁速率。通常这要求信号与时间相关(与跃迁共振),以便对量子传感器产生明显影响。对易部分微扰 $\hat{H}_{U_c}(t)$ 会引起传感器量子能级移动和跃迁频率 ω_0 的相应变化。相当大一部分量子探测针对的是电磁信号。以电磁信号探测为例,信号中电场或磁场矢量一般可以表述为 $\boldsymbol{U}(t) = \{U_x(t), U_y(t), U_z(t)\}$,其中 $U_i(t)(i=x,y,z)$ 为电或磁矢量分量。探测过程中,信号同体系量子比特之间形成相互作用,其中的一种相互作用哈密顿(即信号哈密顿)算符具有以下形式:

$$\hat{H}_U(t) = \xi \boldsymbol{U}(t) \cdot \boldsymbol{\sigma} \tag{4.6}$$

这里 $\boldsymbol{\sigma} = \{\sigma_x, \sigma_y, \sigma_z\}$ 是泡利矩阵矢量。如果坐标的选取定义 z 方向为量子比特的量子化轴,则两个信号函数 $U_c(t)$ 和 $U_n(t)$ 可以分别表示为:

$$U_c(t) = U_z(t) \tag{4.7a}$$

$$U_n(t) = U_x(t) + iU_y(t) \tag{4.7b}$$

这样,式(4.6)对应的信号哈密顿量可以具体写成:

$$\hat{H}_U(t) = \xi \text{Re}[U_n(t)]\sigma_x + \xi \text{Im}[U_n(t)]\sigma_y + \xi U_c(t)\sigma_z \tag{4.8}$$

在式(4.5)、式(4.6)、式(4.8)中,根据具体的量子传感体系和传感对象,耦合参数可以是单位为 $\text{Hz} \cdot \text{T}^{-1}$ 的磁场中自旋 Zeeman 位移参数(旋磁比),也可以是单位为 $\text{Hz}/(\text{Vm}^{-1})$ 的电场中电偶极子线性斯塔克位移参数。

4.3 量子传感协议

量子传感基于量子态对外界扰动的敏感性，同时通过一些特定的调控手段，使量子态对干扰环境噪声不敏感，以实现超高灵敏传感。根据这一原则，针对量子传感的一些复杂量子操纵协议就能够付诸实施[1]。量子操控需要经过精心的工程设计，以便将现有的量子技术集成到能够探测极微弱物理量的传感器中。

前面提到，量子传感过程通常遵循传感器初始化、与被测信号相互作用、被测信号参数(包括强度、相位信息等)读出等，其基本步骤表述如下。

(1) 使量子传感器初始化为已知状态，比如 $|0\rangle$

这里的初始化态并不一定是系统量子力学意义上的基态，但必须是已知和可控的状态。

(2) 使量子传感器切换到期待的初始传感状态 $|\psi_0\rangle$

初始传感状态 $|\psi_0\rangle$ 同器件初始化态 $|0\rangle$ 一般不是同一个态，转化为 $|\psi_0\rangle$ 旨在针对某种具体的量子测量。以计算机的使用打个比方，初始化状态 $|0\rangle$ 相当于打开计算机的电源，让计算机处于准备使用的状态。而初始传感状态 $|\psi_0\rangle$ 相当于在计算机中将执行某个功能的程序调用出来。从 $|0\rangle$ 变换到 $|\psi_0\rangle$ 的过程可以由调控哈密顿 $\hat{H}_U(t)$ 所对应的传播算符 $\hat{U}_P$ 作用在 $|0\rangle$ 上来实现，即用 $\hat{U}_P|0\rangle = |\psi_0\rangle$ 表示。在实际传感器工作过程中，$\hat{U}_P$ 可以是脉冲控制电场或磁场。另外，在一般情况下，$|\psi_0\rangle$ 是一个叠加态。

特定的量子态可通过给定形式的外场进行相干操控。在这里,外场的作用是使量子传感器进入量子传感状态,从而具备实施量子传感的条件。在这一过程中,一般通过外加场激发初始化量子传感器的量子比特。量子比特的初始化是所有量子传感和量子计算的必要条件。当被测信号导致量子系统量子态发生改变,改变被读出以后系统应快速、完全恢复到初始状态,即量子传感器在执行了任何复杂的传感任务之后可以重新开始工作。显然,针对处于高速运动状态物质的量子测量,除了量子系统的响应速度和灵敏度,恢复速度也是考量传感性能的重要指标。

量子技术应用很大程度上依赖于量子操控。但是,连续波谱或弛豫速率测量并不涉及量子系统的相干操控。所以,量子操控并非量子传感协议所必须要遵照的协议内容。

(3) 被测物质同量子传感器的相互作用

传感过程中应建立同量子比特变化相对应的其他变化,如跃迁选择规则、跃迁速率、量子态的电子填充状况等。如图 4.1 所示,量子传感测量的是跃迁能量的变化 ΔE,或者是跃迁速率的改变 ΔR,而不是跃迁能量 E,等等。当被测物质的某个物理量(比如电场、磁场等) $U_i(t)(i=x,y,z)$ 同处于初始状态下的量子系统相互作用,$U_i(t)$ 导致体系量子态发生变化,测量这种变化的过程就是量子传感过程。假定量子系统对外界响应的参数为 E(量子化能级的能量位置,或其他参数),相互作用过程在数学上可以表达为量化的耦合或传感参数 γ,即

$$\gamma = \partial^n E \big/ \partial U_i^n \tag{4.9}$$

γ 的大小在很大程度上反映了量子传感器的灵敏度。式(4.9)将 ΔE 同被测信号物理量 $U_i(t)$ 的变化关联系起来，即传感器与 $U_i(t)$ 的相互作用导致量子系统能级发生移动或能级之间的跃迁速率改变(见图 4.1)。这里的 $\partial^n E/\partial U_i^n = \partial^n \Delta E/\partial U_i^n$ ，n 是任意正整数。在多数情况下，这种耦合是线性的($n=1$)，或者是二次的($n=2$)。

量子传感的核心部分体现在代表量子传感器初始传感状态的波函数 $|\psi_0\rangle$ 在哈密顿算符 $\hat{H}(t) = \hat{H}_0 + \hat{H}_C(t) + \hat{H}_U(t)$ 的作用下经过时间 t 后结束量子测量，这时传感器处于状态：

$$|\psi(t)\rangle = \hat{U}_H(0,t)|\psi_0\rangle = a_0|\psi_0\rangle + a_1|\psi_1\rangle \quad (4.10)$$

也就是说，假定简单的双量子态情形，在 $\hat{H}(t)$ 对应的传播算符 $\hat{U}_H$ 的作用下，量子传感器的量子状态从原来的 $|\psi_0\rangle$，变到 $|\psi_0\rangle$ 和 $|\psi_1\rangle$ 的叠加。这里 $|\psi_0\rangle$ 和 $|\psi_1\rangle$ 是相互正交的，$|a_0|^2 = a_0 a_0^*$ 和 $|a_1|^2 = a_1 a_1^*$ 为传感结束后传感器分别处于 $|\psi_0\rangle$ 态和 $|\psi_1\rangle$ 态的概率，因此可以看成是跃迁概率。

(4) 可观测读出态

传感器必须将上述变化转化为可观测读出态 $|A\rangle = \hat{U}_R(a_0|\psi_0\rangle + a_1|\psi_1\rangle) = b_0|\varphi_0\rangle + b_1|\varphi_1\rangle$，其中 $\hat{U}_R$ 是某种操作，使式(4.10)中的量子态 $|\psi(t)\rangle$ 变成可读出态。$|\varphi_0\rangle$ 和 $|\varphi_1\rangle$ 是同我们具体设计的读出技术所对应的态，可以直接通过传感器将信号读出。这里需要读出的是作为概率的 p 。作为一

种读出方式，显然可以规定读出的值对应于某一概率，即读到 $|\varphi_0\rangle$ 的概率为 $|b_0|^2$，对应读到 $|\varphi_1\rangle$ 的概率为 $|b_1|^2 = 1-|b_0|^2$，即与测到的跃迁概率成正比。

量子传感器具有非常高的灵敏度，因此必须确保信号读出的高保真度，这是量子传感器应用至关重要的一步。量子传感在很多情况下直接获取测量值有难度，Rabi 振荡、Ramsey 测量等干涉方法是常用的读出手段。读出的参数同被测物质信号通过算法建立定量的关联，从而重建被测信号物理量。

同经典传感器测量的过程相类似，上述步骤(1)至步骤(4)的测量过程重复 N 次，传感结果可以取多次测量的平均值，这对提高信噪比是非常有益的。同一量子系统的重复测量需要增加测试时间，对高速运动目标显然不合适。可以采用统计系综，即采用 N 个相同的独立量子系统并行测量。在量子传感器工作过程中，有时需要测量多个不同的物理参数。更为复杂的量子传感器，可以获得多个对应于不同量子态的概率 $\{p_i\}$ ($i=1,2,3,\cdots$)，这些概率都是时间的函数，即它们的大小依赖于传感过程的时间积累 t，也同控制哈密顿 $\hat{H}_C$ 有关。

上述协议尽管是一种比较简单的形式，但是具有通用性。针对比较复杂的量子测量过程，需要在此基础上增加相应的步骤。

4.4 量子传感器的灵敏度和 Ramsey 测量、Rabi 测量

4.4.1 量子传感器的灵敏度

量子传感器提供了前所未有的器件性能，诸如超高灵敏度和超快响应率等，因此可以进行一些精度要求很高的极微弱、超快信号测量，而这些测量是经典传感器所无法胜任的。量子传感器探测信号的能力同器件的量子噪声和所处环境的噪声密切相关，因此讨论灵敏度首先应探讨主要噪声源。这里首先定义信噪比(single-to-noise ratio，SNR)和最小可检测信号强度(产生单位 SNR 的信号幅度)的表达式。首先确定一个关键量：灵敏度。灵敏度的定义为单位时间内的最小可检测信号。同经典传感器类似，量子传感所测量的也是传感器物理参数受到被测信号的扰动所发生的变化，只不过对被测信号响应的是量子力学特性参数，如波函数叠加态和量子纠缠态等。因此，设计量子传感器的依据是构筑适当的量子态和器件结构，使器件对被测信号产生高灵敏度的响应。俘获离子等带电系对电场非常敏感。表现显著磁特性的电子、原子、中子自旋系对磁场、电场反应都很灵敏。有些量子传感器可能会对几个物理参数做出响应，适合于多维融合探测。

式(4.9)定义的量子传感器响应可以看成是器件的"固有灵敏度"，没有考虑到噪声等干扰。量子传感器一方面应该对被探测的信号有灵敏的响应，另一方面也应该对无用

的噪声有强烈的抑制作用，但这两个要求有时候是相互冲突的。量子传感器的灵敏度定义为[1,5]:

$$\Delta S \propto \frac{1}{\zeta\sqrt{T_r}} \tag{4.11}$$

其中，ζ 是传导参数，T_r 是弛豫时间或退相干时间，反映了量子传感器对噪声的抑制能力。为了优化灵敏度，应该通过选择适当的传感材料、量子纠缠态和器件设计使得 ζ 尽可能大，退相干时间 T_r 尽可能长。量子传感追求的是高空间分辨率、高光谱分辨率、高精度、高灵敏度、高抗干扰性。对于极弱电磁场的探测，灵敏度、空间分辨率和频率范围之间是相互制约的。量子电力仪和磁力仪的精度、灵敏度同传感系统量子比特的退相干时间 T_r 有很密切的依赖关系。由于同各种环境噪声的耦合，量子传感系统具有有限的 T_r。随机的环境磁场波动并不是没有特征的白噪声，而具有有限的带宽，在很多情况下是限制 T_r 的主要噪声来源。

所幸各种各样的量子信息处理(Quantum Information Processing，QIP)手段中，可以用连续不断的脉冲信号使两能级系统的相干时间延长，从而实现与环境的解耦，提高量子传感器对特定频率交变信号的探测灵敏度。比如采用动态解耦方案与磁感应协议相结合，有可能将 T_r 拓展几个数量级[6]。一般测量微弱的高频信号需要高脉冲率，峰值振幅大的短脉冲。另一方面，动态解耦脉冲序列可以用来提取磁噪声谱的信息，将磁传感的信噪比提高几个数量级。在特定的设计下，只需要连续、恒定强度的微波场就可以编码量子比特。微波修饰编码可以保护量子比特不受磁场波动的影响。现在，用于对量子比特进行相干操纵的微波源已经可以集成到微结构离子阱中，使用可伸缩的离子芯片就能实现 QIP。这是离子芯片上集成 QIP 元件所迈出的重要一步。值得强调的是，这一思路具有通用性，可用于所有基于激光或微波的 QIP，对实现量子传感器的低功耗、小型化、集成化有现实意义。

尽管量子传感器的工作基于量子力学基本原理，但是信号采集，显示和后续处理不可避免要用到经典方法。因此，量子和经典之间的过渡涉及一些重要参数的精密测量。下面以常用的 Ramsey 和 Rabi 测量举例，前者利用 Ramsey 干涉直接测量两个分裂能级之间的间隔，而后者利用 Rabi 振荡获取跃迁矩阵元。

4.4.2 Ramsey 测量

实际情况下往往很难直接测量某一种跃迁所对应的能量或频率，然而干涉效应往往给测量带来便利和更高的精度。Ramsey 干涉法是利用磁共振现象来测量量子跃迁频率的方法，也可以推广到测量非磁共振引起的干涉现象。利用 Ramsey 干涉法可以有效抑制噪声和提高检测灵敏度[7]。

采用 Ramsey 方法测量直流磁场的过程中，给已经被初始化的量子比特施加一个 $\pi/2$ 相移脉冲，然后让这个量子比特在一段时间内自由演化。接着，给体系施加另一个 $\pi/2$ 脉冲，再读出量子比特的状态。整个过程可以表述为以下步骤：

(1) 量子传感器被初始化为 $|0\rangle$。

(2) 利用 $\pi/2$ 脉冲，对量子传感器进行变换并进入叠加状态：

$$|\psi_0\rangle = |+\rangle \equiv \frac{1}{\sqrt{2}}(|0\rangle + |1\rangle) \tag{4.12}$$

(3) 在量子传感器本身的哈密顿量 $\hat{H}_0$ 作用下演化一段时间 t 后，叠加态成为

$$|\psi(t)\rangle = \frac{1}{\sqrt{2}}(|0\rangle + \mathrm{e}^{-i\omega_0 t}|1\rangle) \tag{4.13}$$

状态的演化取决于时间 t 内体系的整体因素。

(4) 为了读取体系的状态，让第二个 $\pi/2$ 脉冲作用于体系，状态 $|\psi(t)\rangle$ 转换到可测量状态：

$$|\alpha\rangle = \frac{1}{2}(1 + \mathrm{e}^{-i\omega_0 t})|0\rangle + \frac{1}{2}(1 - \mathrm{e}^{-i\omega_0 t})|1\rangle \tag{4.14}$$

(5) 这个状态形式上处于量子力学状态，不过是可以读出的最终状态，对应的跃迁概率为

$$p = 1 - |\langle 0|\alpha\rangle|^2 = \sin^2\left(\frac{\omega_0 t}{2}\right) = \frac{1}{2}[1 - \cos(\omega_0 t)] \tag{4.15}$$

实验上，记录 $p(t)$ 函数关系对应的 Ramsey 条纹，就可以得到 ω_0。Ramsey 测量可以直接得到能量分裂值 ω_0。ω_0 可以由 Zeeman 分裂所导致，这样就可以通过 ω_0 测量微弱的磁场。

4.4.3　Rabi 测量

Rabi 振荡提供了另一种精确测量超精细结构的方法。比如在研究硅中氧空位中心的光激发三重态(S=1)时，利用共振微波脉冲相干操纵可以观察到三重态子能级间的 Rabi

振荡，三重态电子自旋和晶格附近 ^{29}Si 核自旋(I=1/2)之间微弱的各向异性超精细耦合则根据振荡谱获取[8]。

真空 Rabi 振荡可为实现两个量子逻辑门基本操作提供重要工具。Rabi 测量可以得到对应于信号的转移矩阵元 $|U_n|$，其过程如下：

(1) 量子传感器的状态被初始化；

(2) 在没有内部哈密顿量，即 $\hat{H}_0 = 0$ 时，体系的演化取决于：

$$\hat{H}_{V_\perp} = \frac{1}{2}\xi U_n \sigma_x = \omega_1 \sigma_x \qquad (4.16)$$

其中，ω_1 是 Rabi 频率。经过了时间 t 演化以后的状态为

$$|\beta\rangle = \frac{1}{2}\left(1 + e^{-i\omega_1 t}\right)|0\rangle + \frac{1}{2}\left(1 - e^{-i\omega_1 t}\right)|1\rangle \qquad (4.17)$$

(3) 信息读取，跃迁概率为

$$p = 1 - |\langle 0|\beta\rangle|^2 = \sin^2\left(\frac{\omega_1 t}{2}\right) = \frac{1}{2}[1 - \cos(\omega_1 t)] \qquad (4.18)$$

在 $\hat{H}_0 \neq 0$ 的情况下，跃迁概率为

$$p = \frac{\omega_1^2}{\omega_0^2 + \omega_1^2}\sin^2\left(t\sqrt{\omega_0^2 + \omega_1^2}\right) \qquad (4.19)$$

显然，只有频率为 $\omega \cong \omega_0$ 的时间相关信号才会影响跃迁概率 p，这种情况称为共振。从这个条件可以清楚地看出，Rabi 测量不仅可以提供关于幅度 U_n 的信息，而且还可以提供关于信号频率 ω 的信息。

4.5 几种量子传感器

同量子计算机相比,量子传感器不需要操纵数百万个需要单独控制、稳定的量子态,而只需要操控单个量子系统。因此,相比较而言量子传感器更容易实现。随着越来越多的研究投入到量子传感领域,预计很快就会出现实际应用的范例。下面讨论几种典型的量子传感器。

4.5.1 单原子磁场传感器

日常生活中各种电器、电磁波、铁磁性材料都会产生磁场,比如地球本身就存在从北极指向南极的磁场。现有的磁场传感器种类繁多,主要包括磁阻元件、感应线圈、磁通门,以及霍尔元件、半导体磁光器件和超导量子干涉器件(SQUIDs)等。磁场传感技术已经大量应用于从医学、生物,到空间以及工业和农业等几乎所有领域。例如,工业生产线中的位置和位移传感器,医学和健康领域的微弱磁场检测等,一辆汽车就要用到很多磁传感器。现代光谱技术手段可以非常精确地测量原子光谱的频率。比如,铯原子(^{133}Cs)能级的微波跃迁频率测量精度可达 $1/10^{15}$。处于某些物理场中原子的量子能态很容易受到诸如电场、磁场等外场的影响,一些超高精细光谱的精度足够高,可以测量量子能态的微小改变,测量微小改变就能得到被测信号物理场参数。

原子光谱是许多物理量精确测量的基础,尤其是对微弱磁场的探测,有着霍尔等传统磁阻器件所无法达到的超高灵敏度。最先进的磁强计通常依赖于动态解耦，涉及快速脉冲或连续场驱动量子力学两能级系统。为了提高传感灵敏度，量子传感器采用特定的调控方法使器件的两能级系统同环境和器件本身的噪声干扰动态解耦。比如，利用快速脉冲或连续场驱动量子力学两能级系统，让系统与环境解耦，使得系统对环境噪声不敏感。系统保持着同解耦场脉冲频率或 Rabi 频率的共振，从而获得灵敏的探测能力[9]。

在这里所介绍的单原子磁场传感器中，核心部分是被限制在约 20nm 空间区域的多普勒冷却 $^{171}Yb^+$ 离子。电子基态 $S_{1/2}$ 分裂成总角动量量子数 $J=0$ 的 $|0\rangle$ 态和 $J=1$ 的 $|-1\rangle$、$|0'\rangle$、$|+1\rangle$ 超精细态(见图 4.2)，Zeeman 能级的简并度可通过外加磁场消除。通过光泵浦 $S_{1/2}(J=1)$ 态和 $P_{1/2}(J=1)$ 态之间的共振，离子被初始化到 $|0\rangle$ 态。测量序列结束时实现状态选择性检测是通过激光驱动 $S_{1/2}(J=1)$ 和 $P_{1/2}(J=0)$ 并探测散射共振荧光来实现的。在初始化离子之后，通过微波场的不完全受激拉曼绝热通道序列来构建量子态。通过延长量子态相干时间，磁强计的灵敏度显著提高。

作用于磁敏感裸态 $|+1\rangle$ 和 $|-1\rangle$ 的噪声场(见图 4.2)导致这些状态的快速退相干。为了抑制噪声场的影响，从而延长相干时间，如图 4.2 所示施加两个频率为 ω_{-1} 和 ω_{+1} 的微波驱动场。微波场产生了由 $|B\rangle = \frac{1}{\sqrt{2}}(|-1\rangle + |+1\rangle)$ 和 $|0'\rangle$ 态组成的修饰态量子比特。另外两个修饰态为 $|D\rangle = \frac{1}{\sqrt{2}}(|-1\rangle - |+1\rangle)$ 和 $|0\rangle$ 的叠加态，同 $|B\rangle$ 态的能量间隔为 $\Omega/\sqrt{2}$。只有当环境

场的频率与该能量间隔匹配才能引起量子态$|B\rangle$退相干。如果环境噪声场没有这个频率分量,那么$|B\rangle$的相干时间可比裸原子态延长几个数量级。$|0'\rangle$态对磁场不敏感,因此,$|B\rangle = \frac{1}{\sqrt{2}}(|-1\rangle + |+1\rangle)$和$|0'\rangle$态构成的量子比特受噪声环境磁场波动的影响很小。然而$|B\rangle$态和$|0'\rangle$态之间的跃迁对被测信号场非常敏感。采用这种方法,Wunderlich课题组研究的单原子量子传感器在接近标准量子极限的高频场下实现了高精度的量子测量:在14MHz附近的交变磁场中,获得了4.6pT的弱磁场测量灵敏度[9]。

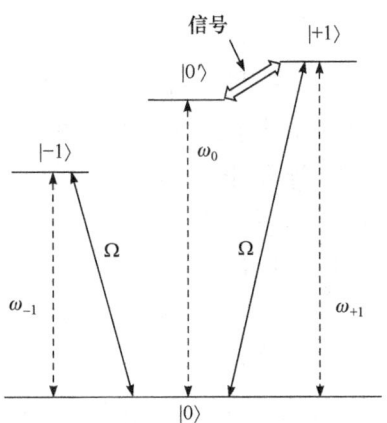

图4.2 超精细磁感应能级分布示意图(能级位置不按比例)

被测信号场在状态$|0'\rangle$和$|B\rangle = (|-1\rangle + |+1\rangle)/\sqrt{2}$之间产生旋转,而频率为$\omega_{+1}$和$\omega_{-1}$以及Rabi频率为$\Omega$的微波场将$|B\rangle$态同塞曼子能级正交叠加态$|D\rangle = (|-1\rangle - |+1\rangle)/\sqrt{2}$解耦。在频率$\omega_0$处的时钟跃迁$|0\rangle \leftrightarrow |0'\rangle$对磁场波动不敏感

4.5.2 单电子晶体管

基于单电子晶体管的量子传感器可以用来测量极微弱

电场，比如利用库伦阻塞效应。处于库伦阻塞状态下的纳米尺度量子点，当本征电子态位于"源"和"漏"接触费米能级之间的窗口时才允许电子隧穿通过器件。接触费米能级之间的能量窗口非常狭窄，而本征态能量对外电场非常敏感，导致隧穿电流非常灵敏地依赖外场。因此，可以通过处于隧道源极和漏极触点之间亚微米导电岛上的隧道电流来测量电场。

研究"库伦阻塞"效应常采用门定义的量子点结构，其良好的可控性是实现许多量子调控的关键。Si 基金属-氧化物-半导体(MOS)结构可以通过门定义量子点，构筑具有超长相干时间、优良单量子门保真度和双量子逻辑的耦合自旋量子比特[10]。势垒门可以改变量子点的位置和大小，从而控制量子点间的耦合和量子态(2, 0)和(1, 1)之间的电荷跃迁。这种量子操控可以很方便地打开和关闭耦合，以很高的灵敏度区分双量子点的(2, 0)和(1, 1)电荷态，从而实现高灵敏的电荷传感。基于 Si 基 MOS 结构的双量子点量子传感器，Eenink 等人实现了在 3 到 13GHz 强耦合区对隧道耦合进行有效调控，以及在 1KHz 到小于 1Hz 的弱耦合区对隧道速率的有效控制，测到了单个电子的隧穿[10]。

显然，如果将这种 Si 基双量子点结构放在扫描隧道显微镜的探针针尖上，就可以在纳米尺度上对电场分布进行高灵敏成像。

4.5.3 核自旋陀螺仪

除了传统的机械陀螺仪以外，许多物理原理，比如原子核的自旋进动等也可以用来测量转动。原子核自旋已经在许多方面得到应用,包括众所周知的已经广泛推广的医学核磁共振(NMR)技术。一种基于碱金属-惰性气体的高灵敏度磁强计可以用作核自旋陀螺仪,其原理是测量惯性旋转引起的核磁共振频率偏移。这种核自旋陀螺仪涉及测量两个不同原子核的核自旋进动。为了消除 NMR 频率对磁场的依赖,核自旋陀螺仪至少使用两种不同旋磁比的自旋原子核。

Kornack 等研究了一种基于 K-^{21}Ne 碱金属-惰性气体双原子核体系的核自旋陀螺仪,可用于惯性旋转传感,以及其他一些测试[11]。这种陀螺仪实际上是一种高灵敏度磁强计。在实际操作过程中,光泵 K 金属蒸气使得 Ne 惰性气体原子极化,极化原子在磁场中进行自旋陀螺进动。在这样的双自旋体系中,磁场、磁场梯度和磁场瞬变引起的自旋进动相互抵消,因此这种磁强计几乎工作在无自旋交换弛豫状态。基于这一原理的量子陀螺仪对外界扰动不敏感,具有很高的灵敏度,且体积小,便于应用。

利用 K-^{3}He 磁强计测量旋转角的灵敏度达到 5×10^{-7}rad $s^{-1}\cdot Hz^{-1/2}$,相当于可以探测的磁场灵敏度为 2.5fT·$Hz^{-1/2}$。采用 ^{21}Ne 和其他磁矩较小的原子可以使旋转信号增加 10 倍,K-^{21}Ne 陀螺仪的旋转角测量灵敏度可达 1×10^{-8}rad $s^{-1}\cdot Hz^{-1/2}$,对应的磁场传感灵敏度为 0.5fT·$Hz^{-1/2}$,即在频率的根号($\sqrt{Hz}$)为 1 时,能测到的最小磁场为 5×10^{-16}T。

4.5.4 微纳光力学器件

光子具有动量,可以产生辐射压力。开普勒早在 17

世纪就预言了光压力的存在。研究表明，在谐振腔中辐射压力对谐振腔端镜的动力学行为有着明显的影响。比如力的延迟性质可能导致机械运动的阻尼或反阻尼。随着半导体技术的发展，电学要素也不断被结合进来。更由于微加工技术的不断发展，光力学系统越来越小，伴随而来的是光、电、之间的耦合越来越表现为明显的量子力学特性。

20 世纪 90 年代开始对量子腔光力系统开展了理论上的探索，其中包括光的压缩和光强度的量子非破坏检测，表明在极强的光机耦合下所产生的量子非线性可能导致光场和力场规律的非经典化，甚至出现量子纠缠态。随之，许多实验上的成功提升了对微腔光力系统的新认识。比如，发现光学微环谐振器具有很高的光学精细度，其中包含对机械模式的影响，特别是辐射压力引起的光机械效应。微腔中的光机相互作用研究已经进入到量子范畴，并且在精细光谱、精密测量、微光机电一体化系统、量子传感器等领域显示非常大的前景[12]。微腔光机电系统展示新奇量子物理现象的本质是机械运动与微腔光电系统耦合，机械振荡器与单电子、单光子状态的耦合。

光力学系统的形式很多，这里介绍其中的一种。图 4.3 给出了这种微纳光力学系统示意图[13]。图中镀铝 SiN 方形纳米膜边长为 500μm，具有非常高的品质因子（$Q_m \sim 3 \times 10^5$）。该膜与 Au 电极一起构成一个电容器，其电容值取决于膜与电极间的距离 $d+x$，x 为膜的位置。从图中可以看出 SiN 膜电容器是谐振 LC 电路的一部分，借助电容器 $C_0 \approx 80 \text{ pF}$，LC 电路被调谐到机械谐振频率。施加在电容器上的偏置电压 V_{dc} 使 LC 电路的振荡与膜的运动产生耦合。LC 电路由串联电压 V_s 驱动，电压 V_s 既可以通过耦合端口"2"施加，也可以由电感器从环境射频辐射中拾取。当可调谐电容器 C_0 与低损耗铁氧体棒 ($L = 0.64$ mH) 上的电感器按图示方法连接时，总电容为 $C(x) = C_0 + C_m(x)$。这部分形成一个品质因数 $Q_{LC} = \sqrt{L/C}/R = 130$ 的谐振电路。电感器在这里用作天线，将接受的射频信号同串联电路耦合。电路的谐振频率 ($\Omega_{LC} = 1/\sqrt{LC}$) 被调谐到 0.72MHz 附近，这也是纳米膜基本频率 ($\Omega_m/2\pi = 0.72$ MHz)。膜回路系统耦合到被纳米膜反射的传播光学模式。

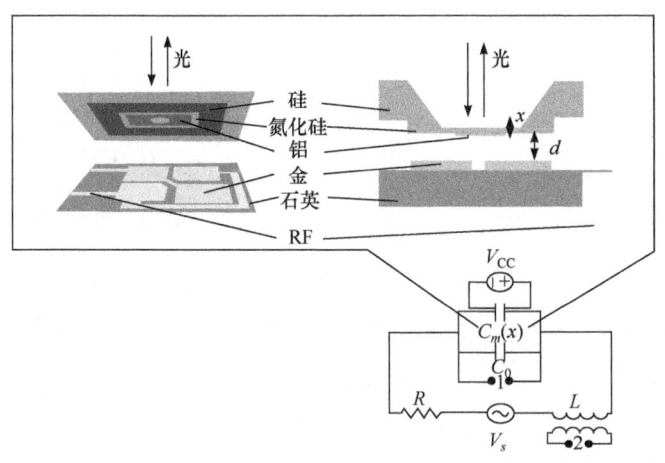

图 4.3　光力学系统示意图

光机电换能器的中心部分处于真空中，镀铝 SiN 方形膜的边长为 500μm。在紧邻 (0.9μm ≤ d ≤ 6μm) 的地方有一个平面 4 端金电极，与 SiN 膜构成可变电容器，电容量 $C_m(x=0) \approx 0.5$pF。波长为 633nm 的激光束从膜的铝涂层上反射，SiN 膜的位移引起反射光束发生相移

这样一个光机电动力学系统的哈密顿量一般可以表达为

$$H = \frac{\phi^2}{2L} + \frac{p^2}{2m} + \frac{m\Omega_m^2 x^2}{2} + \frac{q^2}{2C(x)} - qV_{dc} \qquad (4.20)$$

式中，ϕ 和 q 分别是电感器中的磁通量和电容器上的电荷，它们是 LC 电路的一对共轭变量，x 和 p 分别表示有效质量为 m 的膜的位置(见图 4.3)和动量。最后两项表示电容器的充电能量 $U_C(x)$ 和外加偏置电压的电能，适当选择偏置电压这两项可以相互抵消。在平均电荷 $\bar{q} = V_{dc}C(\bar{x})$ 时，膜的平衡位置在 $\bar{x}$ 处。此外，与位置相关的电容力 $F_C(x) = -dU_C/dx$ 会导致弹簧软化，从而降低膜运动本征频率。

在线性近似下，体系的相互作用哈密顿可以写成

$$H_I = G\delta q \delta x = \hbar g_{em} \frac{\delta q}{\sqrt{\hbar/2LQ_{LC}}} \frac{\delta x}{\sqrt{\hbar/2m\Omega_m}}, \qquad (4.21)$$

其中，耦合参数 $G = -V_{dc}C'(\bar{x})/C(\bar{x})$，或表达为 $G = \hbar g_{em}/\left(\sqrt{\hbar/2LQ_{LC}}\sqrt{\hbar/2m\Omega_m}\right)$。这里 $\hbar = h/2\pi$，h 为普朗克常数，g_{em} 是机械子系统和电子子系统之间进行能量交换的速率，能量交换由机、电子系统间的耦合所引起。如果该速率超过机、电子系统的耗散率 $\Gamma_m = \Omega_m/Q_m$ 和 $\Gamma_{LC} = \Omega_{LC}/Q_{LC}$，则构成强耦合光机电系统。

图 4.3 所示的系统中，距离 $d = 0.9\ \mu m$，偏压 $V_{dc} = 6.4V$，机电系统处于深度强耦合区，即 $2g_{em} = 2\pi \times 27 kHz > \Gamma_{LC} = 2\pi \times 5.5 kHz \gg \Gamma_m = 2\pi \times 0.02 kHz$。可以通过选择实验参数进行一系列系统的实验，如改变偏置电压，选择不同的距离 d，或不同的机械耗散率 Γ_m 等。通过图 4.3 中的端口"2"进行感应激励，在频率为 $\Omega \approx \Omega_{LC}$ 的情况下可以感应出振幅 $V_S = 670\ nV$ 的弱无线电波信号。耦合系统的响应既可以

通过测量端口"1"电容器上的电压，也可以通过测量膜上反射光束的相移进行。这一量子传感装置可以测到 5 pV/$\sqrt{\text{Hz}}$ 的微弱电压。

4.5.5 片上金刚石色心电子自旋态磁力仪

罗盘针可能是最简单的磁敏感装置，可以测量磁场的大小，方向等参数。其他简单的磁传感手段还包括通过测量外加交流磁场在线圈上感应电压的变化，巨磁电阻传感器电阻的变化等。所有磁强计的传感装置都显示一个或多个依赖于外部磁场的参数，但是这些经典磁强计的功能和灵敏度都很有限。

同金刚石和其他材料中晶格缺陷相关的自旋量子比特已成为具有纳米量级空间分辨率的高灵敏度探针，受到越来越多的关注。有关这方面的详细内容可参考近期的评论文章[14]。在气态碱原子气和固体中，Zeeman 相互作用使电子能级随磁场大小改变，一些原来简并的能级发生分裂。包括金刚石中的 NV⁻(一个替位氮原子和一个附近的碳空位)在内的某些色心能级也表现出非常高的磁敏感性。对于 NV⁻中心和气态碱原子，能级之间的电磁跃迁频率同磁场有关。量子磁强计就是利用电磁跃迁频率同磁场强度的灵敏依赖关系测量磁场。多种方法可直接测定跃迁频率。例如，利用频率可调谐的电磁辐射源，从吸收、色散或荧光特征过程获得跃迁频率。在量子传感技术中，跃迁频率多通过干涉技术获得，如 Rabi 振荡，Ramsey 干涉等。

NV⁻中心由一个 N 原子和一个 C 空位组成，N 原子和 C 空位取代了金刚石晶格中相邻的一对碳原子，见图 4.4

右下角。氮原子外层有 5 个电子，1 个多余电子贡献给碳原子空位。电子基态和第一激发态分别形成电子自旋三重态。基态和激发态自旋三重结构的能量间隔为 1.95eV。在自旋三重基态和激发态之间还存在中间态(属于自旋单重态)。中间态的能级结构比较复杂，而电子在中间态能级之间的弛豫时间很短，因此可以当作单一能级处理。在热平衡条件下，能级的电子占据状况服从玻尔兹曼统计分布。在波长为 532nm 激光的激发下，基态电子吸收光子后被激发到激发态，氮空位中心产生自旋相关的光致发光。这个

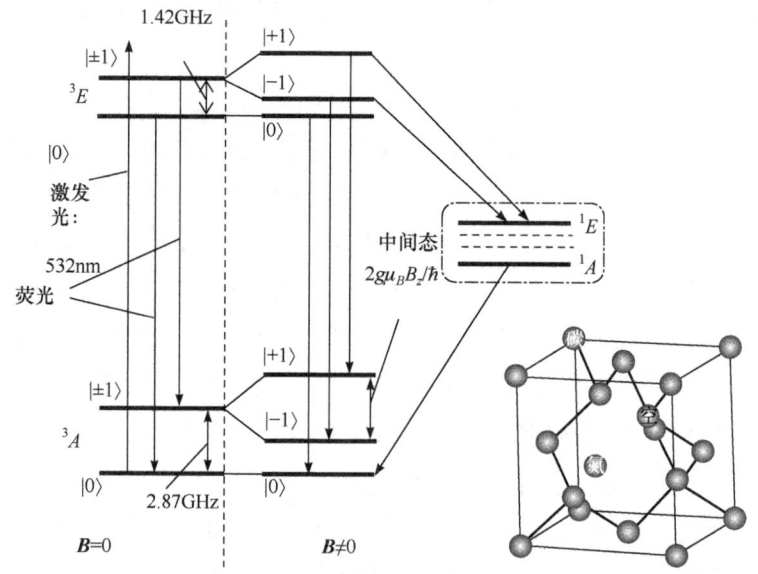

图 4.4　金刚石中氮原子-空位(NV⁻)中心的能级

NV⁻中心的基态 ^3A 和第一激发态 ^3E 都是自旋三重态，由 $|0\rangle$、$|-1\rangle$ 和 $|+1\rangle$ 态构成。在晶体场作用下 $|0\rangle$ 态同 $|\pm1\rangle$ 态之间的能量分裂为 2.87GHz。存在被探测信号时 ($\boldsymbol{B} \neq 0$)，磁场将导致 $|-1\rangle$ 和 $|+1\rangle$ 发生 Zeeman 分裂 ($2g\mu_B B_z/\hbar$)，根据 Zeeman 分裂就能测量微弱的磁场。右下角插图给出了 NV⁻中心附近的晶格结构

NV⁻体系甚至在室温下也能观察到电子自旋共振。持续光照下出现了两个竞争过程，即直接荧光辐射复合和通过中间态的间接非辐射复合。这里很重要的一点是，自旋三重基态和激发态之间的荧光辐射是自旋守恒的，但是通过中间态的非辐射复合尽管是自旋依赖的，但不服从自旋守恒，如图 4.4 中的箭头所标。这样，所测到的荧光辐射是自旋相关的。

Ibrahim 等人设计了一种基于标准 CMOS 工艺的单芯片自旋控制/检测系统，通过自旋相关荧光光学检测自旋亚能级 $m_s = 0$ 和 ± 1 之间的磁共振测得微弱磁场[15]。实验装置由一个紧密集成的微波发射器，光子滤波器和传感器构成，CMOS 电路与量子态直接相互作用并产生磁共振。将频率为 $f_0 \cong 2.87\,\text{GHz}$ 的微波作用于系统，并测量绿光激发下 NV⁻的荧光发射，记录下荧光强度 I_f。在图 4.5 中，共振条件下 $f_0 \sim I_f$ 谱显示两个极小值。在外磁场下，Zeeman 效应使得 $|+1\rangle$ 和 $|-1\rangle$ 自旋态分裂，磁共振谱产生的两个极小值频率间隔为 $\Delta f_0 = \pm g\mu_B B_z/\hbar$，其中 $g \sim 2$ 是旋磁比，μ_B 是玻尔磁子，$\hbar$ 也称普朗克常数，B_z 是外磁场沿 N-V，即(111)方向的投影。B_z 的值可由磁共振谱通过测量 Δf_0 确定(见图 4.5)。

理论上，如果一个体系具有分裂、相干的量子能级，能级之间能够形成纠缠态，只要能级之间的相干性或量子纠缠态对被测信号敏感，就能用来构筑量子传感器。除了上述量子传感系统以外，诸如量子点、核自旋、SQUID 等系统也能用来进行量子传感测量[16-18]。此外除了单粒子，粒子组成的系综也可用于量子传感[19,20]。事实上，早期量子传感器的典型案例是基于原子核自旋系综的核磁共振

(NMR)传感器。NMR 传感器的测量机理是磁场下核自旋体系的拉莫进动,利用拉莫进动测量磁场强度。自旋体系初始化则是通过外加磁场给体系加热来实现的。

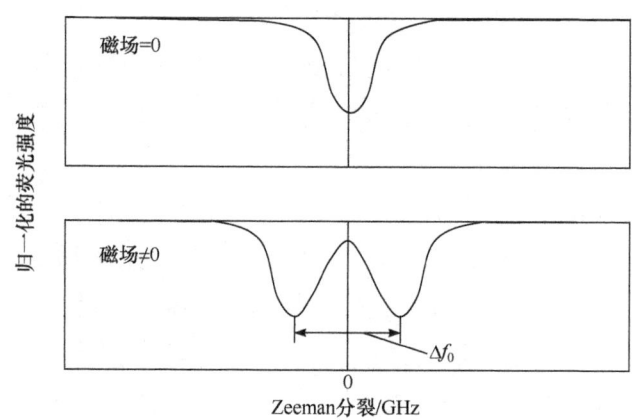

图 4.5　在不同外磁场强度下激发的 NV 中心的荧光强度
在零磁场下荧光强度显示一个极小值。随着磁场增加,
极小值分裂成两个并逐渐分开

参 考 文 献

[1] Degen C L, Reinhard F, Cappellaro P. Quantum sensing. Reviews of Modern Physics, 2017, 89(3): 035002.
[2] Chen Y. Macroscopic quantum mechanics: Theory and experimental concepts of optomechanics. Journal of Physics B: Atomic, Molecular and Optical Physics, 2013, 46: 104001.
[3] Jaksch D, Cirac J I, Zoller P, et al. Fast quantum gates for neutral atoms. Physical Review Letters, 2000, 85(10): 2208-2211.
[4] Leibfried D, Barrett M D, Schaetz T, et al. Toward heisenberg-limited spectroscopy with multiparticle entangled states. Science, 2004, 304: 1476-1478.
[5] Goldstein G, Cappellaro P, Maze J R, et al. Environment-assisted precision measurement. Physical Review Letters, 2011, 106(14): 140502.

[6] Pfender M, Aslam N, Sumiya H, et al. Nonvolatile nuclear spin memory enables sensor-unlimited nanoscale spectroscopy of small spin clusters. Nature Communications, 2017, 8(1): 834.

[7] Appel J, Windpassinger P J, Oblak D, et al. Mesoscopic atomic entanglement for precision measurements beyond the standard quantum limit. Proceedings of the National Academy of Sciences of the United States of America, 2009, 106(27): 10960-10965.

[8] Akhtar W, Sekiguchi T, Itahshi T, et al. Rabi oscillation and electron-spin-echo envelope modulation of the photoexcited triplet spin system in silicon. Physical Review B, 2012, 86(11): 115206.1-115206.6.

[9] Baumgart I, Cai J M, Retzker A, et al. Ultrasensitive magnetometer using a single atom. Physical Review Letters, 2016, 116(24): 240801.

[10] Eenink H G J, Petit L, Lawrie W I L, et al. Tunable coupling and isolation of single electrons in silicon metal-oxide-semiconductor quantum dots. Nano Letters, 2019, 19: 8653-8657.

[11] Kornack T W, Ghosh R K, Romalis M V. Nuclear spin gyroscope based on an atomic comagnetometer. Physical Review Letters, 2005, 95(23): 230801.

[12] Aspelmeyer M, Kippenberg T J, Marquardt F. Cavity optomechanics. Review of Modern Physics, 2013, 86(4): 1391-1452.

[13] Bagci T, Simonsen A, Schmid S, et al. Optical detection of radio waves through a nanomechanical transducer. Nature, 2014, 507: 81-85.

[14] Barry J F, Schloss J M, Bauch E, et al. Sensitivity optimization for NV-diamond magnetometry. Review of Modern Physics, 2020, 92(1): 015004.

[15] Ibrahim M I, Foy C, Kim D, et al. Room-temperature quantum sensing in CMOS: On-chip detection of electronic spin states in diamond color centers for magnetometry//2018 IEEE Symposium on VLSI Circuits, Honolulu, 2018: 249-250.

[16] Barthel C, Kjærgaard M, Medford J, et al. Fast sensing of double-dot charge arrangement and spin state with a radio-frequency sensor quantum dot. Physical Review B, 2010, 81(16): 161308R.

[17] Kardjilov N, Manke I, Strobl M, et al. Three-dimensional imaging of magnetic fields with polarized neutrons. Nature Physics, 2008, 4(5): 399-403.

[18] Finkler A, Segev Y, Myasoedov Y, et al. Self-aligned nanoscale SQUID on a

tip. Nano Letters, 2010, 10(3): 1046-1049.
[19] Pham L M, Sage D L, Stanwix P L, et al. Magnetic field imaging with Nitrogen-vacancy ensembles. New Journal of Physics, 2011, 13(4): 045021.
[20] Christle D J, Falk A L, Andrich P, et al. Isolated electron spins in silicon carbide with millisecond-coherence times. Nature Materials, 2014, 14(2): 160-163.

第5章　量子计算器件

　　量子计算是一种颠覆性的新型计算模式。与传统计算机"0"和"1"的经典比特不同，量子计算机遵循量子力学规律、通过对量子比特的调控进行信息处理或计算。由于量子比特可实现"0"和"1"态的相干叠加，量子计算本质上是一种并行运算。和经典的串行计算相比，量子计算针对特定问题的计算速度成指数倍增加。除此之外，由于量子线路的可逆性，对量子比特操作需要的能耗远远低于经典计算。量子计算未来在人工智能、数据搜索、最优化、化学模拟、凝聚态问题求解、生物制药、破解密码、矩阵运算等方面具有极大的潜在应用价值，有望带动包括信息、材料、能源等一大批产业的飞跃式发展。目前，世界各国普遍把量子信息与量子计算作为国家科技发展战略优先方向并启动长期科研计划。

　　量子计算存在多种硬件实现方案，经过近二十年的发展，国际主流研究集中到了超导量子计算器件、半导体量子计算器件、光子量子计算器件、离子阱量子计算器件、超冷原子量子计算器件等。与前面几种量子计算技术相比，其他技术方案在集成度和成熟度方面还存在差距，我们将在最后部分讨论新技术相关的量子器件，及其新技术的潜力。

5.1 量子计算的物理基础

量子计算的基本单元被称为量子比特(Qubit)。理论上说，任何二能级/准二能级系统都可构成量子比特，比如自旋为 1/2 的电子、原子、光子等。但想要从技术层面上构造量子计算机，量子比特需要满足 DiVicenzo 判据[1]：①量子比特系统具有可扩展性，②量子比特制备到初态，③能够实现普适的量子门，④长的相干时间(远大于量子门操作实现的时间)，⑤实现量子比特测量。

量子比特作为量子计算的基本逻辑单元，与经典比特类似，它有两种不同的状态。但两者间的区别是，在量子比特中，系统可以处在这两种状态的叠加态，这是经典系统中所不允许的。作为一个双值量子系统，量子比特的量子态可以分解到两个正交归一的基矢上，不妨称这两个基矢为$|0\rangle$和$|1\rangle$。这样，一个量子比特的任意量子态$|\Psi\rangle$可以用$\alpha|0\rangle+\beta|1\rangle$表示，这里$\alpha$和$\beta$都是复数，这个表达式中有 4 个自由度。根据量子态的归一性，我们有$\alpha^2+\beta^2=1$，所以我们可以省去一个自由度，把量子态表示成 $e^{i\varphi_1}\cos(\theta/2)|0\rangle+e^{i\varphi_2}\sin(\theta/2)|1\rangle$ [2]。考虑到量子态的整体相位没有观测意义，我们可以略去整体相位，而只关注$|0\rangle$和$|1\rangle$之间的相位差$\varphi=\varphi_1-\varphi_2$。于是，一个量子比特的任意量子态可以表示成：

$$|\Psi\rangle = \cos(\theta/2)|0\rangle + e^{i\varphi}\sin(\theta/2)|1\rangle \qquad (5.1)$$

这个形式可以很方便地用布洛赫球表示(如图 5.1 所

示):量子比特的一个任意量子态由布洛赫球面上的一个点表示;布洛赫球的"北极点"和"南极点"分别代表$|0\rangle$和$|1\rangle$;我们上面得到的表达式中的θ描述了该点的"纬度",而φ是该点的"经度"。

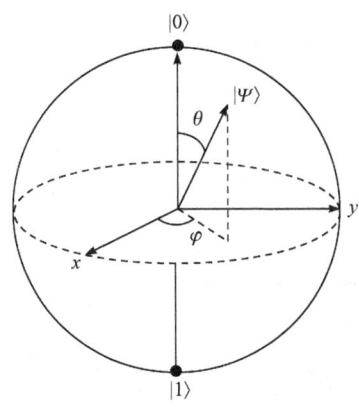

图 5.1 量子比特的几何表述——布洛赫球

与经典计算类似,量子计算中的信息处理过程可以用逻辑门操作表示。最简单的量子门操作是单量子比特门。经典信息只有 0(否)和 1(是),因此单比特门仅有非门。量子信息包含θ和φ两个自由度,对应的基本单量子比特门有 6 种,分别为 X、Y、Z、H、S、T,原则上一个任意单量子门操作总可以用这 6 个门的组合表示。以下是这些门操作的表达式。

$$X = \begin{bmatrix} 0 & 1 \\ 1 & 0 \end{bmatrix} \quad Y = \begin{bmatrix} 0 & -i \\ i & 0 \end{bmatrix} \quad Z = \begin{bmatrix} 1 & 0 \\ 0 & -1 \end{bmatrix}$$
$$H = \frac{1}{\sqrt{2}}\begin{bmatrix} 1 & 1 \\ 1 & -1 \end{bmatrix} \quad S = \begin{bmatrix} 1 & 0 \\ 0 & i \end{bmatrix} \quad T = \begin{bmatrix} 1 & 0 \\ 0 & e^{i\pi/4} \end{bmatrix} \quad (5.2)$$

以 X 门为例，它的作用是交换量子态表达式中 $|0\rangle$ 和 $|1\rangle$ 前的系数。如果量子比特的初态为 $|0\rangle$ 态，则 X 门作用后量子比特将处在 $|1\rangle$ 态，反之亦然。

我们还可以从旋转的角度来理解单比特量子门。我们知道对量子比特的一个任意酉过程都可以用在布洛赫球上的旋转表示。一般地，围绕 X、Y、Z 轴的一个 θ 角度旋转可以表示为

$$R_X \equiv e^{-\frac{i\theta}{2}X} = \cos\frac{\theta}{2}I - i\sin\frac{\theta}{2}X = \begin{bmatrix} \cos\theta/2 & -i\sin\theta/2 \\ -i\sin\theta/2 & \cos\theta/2 \end{bmatrix}$$

$$R_Y \equiv e^{-\frac{i\theta}{2}Y} = \cos\frac{\theta}{2}I - i\sin\frac{\theta}{2}Y = \begin{bmatrix} \cos\theta/2 & -\sin\theta/2 \\ \sin\theta/2 & \cos\theta/2 \end{bmatrix} \quad (5.3)$$

$$R_Z \equiv e^{-\frac{i\theta}{2}Z} = \cos\frac{\theta}{2}I - i\sin\frac{\theta}{2}Z = \begin{bmatrix} e^{-i(\theta/2)} & 0 \\ 0 & e^{i(\theta/2)} \end{bmatrix}$$

例如前面的 X、Y、Z 门分别相当于围绕布洛赫球 X、Y、Z 轴的旋转，旋转角度为 π。S、T 门则都是围绕 Z 轴旋转，它们的旋转角度分别是 $\pi/2$ 和 $\pi/4$。我们还可以将这种旋转推广到绕任意轴 $\hat{n}$ 的旋转：

$$R_{\hat{n}}(\theta) \equiv \exp\left(-i\theta\hat{n}\cdot\frac{\hat{\sigma}}{2}\right)$$

$$= \cos\frac{\theta}{2}I - i\sin\frac{\theta}{2}(n_x X + n_y Y + n_z Z) \quad (5.4)$$

例如前面的 H 门就可以表示成绕 $\hat{n} = 1/\sqrt{2}(1,0,1)$ 的旋转，旋转角度为 π。

为了实现信息的交换与处理，我们还需要两比特量子

门。一个典型的两比特量子门是 CNOT 门(Controlled-NOT gate)，它的作用是根据第一个量子比特(称为控制比特)的状态对第二个量子比特(称为目标比特)进行操作。它的具体过程是：①如果控制比特处在 $|0\rangle$ 态，则不对目标比特操作；②如果控制比特处在 $|1\rangle$ 态，则对目标比特做 X 操作。这个门可以用下面的形式表示：

$$\text{CNOT} = \begin{pmatrix} 1 & 0 & 0 & 0 \\ 0 & 1 & 0 & 0 \\ 0 & 0 & 0 & 1 \\ 0 & 0 & 1 & 0 \end{pmatrix} \quad \begin{matrix} \text{CNOT}|00\rangle = |00\rangle \\ \text{CNOT}|01\rangle = |01\rangle \\ \text{CNOT}|10\rangle = |11\rangle \\ \text{CNOT}|11\rangle = |10\rangle \end{matrix} \quad (5.5)$$

有了单比特量子门和两比特量子门，我们可以完成很多量子操作。但是有没有某些门或者门的组合可以完成所有可能的量子门操作？这种门或者门的组合称为普适量子门。例如在经典计算中的普适门操作是与非门(NAND)，多个与非门可以堆砌出任意经典逻辑门。已知的普适量子门组合是任意单比特量子门和 CNOT 门，而"任意单比特量子门"这一条件可以进一步压缩为 H 门、S 门和 T 门。也就是说一个可以完成单比特 H 门、S 门和 T 门以及两比特 CNOT 门的量子比特系统可以完成任意的量子逻辑功能。

在量子系统运算后，我们总是要通过测量过程获取结果。与经典系统不同，对量子系统的测量本身就是一种操作，会改变系统的状态。因为我们使量子系统与测量仪器相互作用，生成了两者的纠缠态。当我们观察测量仪器的读数(对测量仪器的"测量")时，这一读数过程会使纠缠态坍缩到某一个对应仪器读数的量子态，量子比特的状态也会随着这一过程改变。所以,测量后的量子比特量子态已经与测量前的状态不同了。因此,测量可以说是一种态制备过程。

量子比特的这种特点给我们的研究带来了很多困难,一个叠加态的信息很难通过一次测量获得。为了得到叠加态的信息,我们需要反复制备这一量子态,然后不断地对同一态构成的系综进行测量,才能得到叠加态的信息。于是,这启发人们在量子计算中,要尽可能增大所需要的结果出现的概率,减小不需要的结果出现的概率。

对量子计算机进行的所有内部操作,必须同外部的系统隔离。少量的内部信息泄漏就会使量子计算机依赖的脆弱的量子态受到干扰,相干性遭到破坏,这一过程也叫退相干。没有哪个系统是完全不存在退相干的,但是退相干可以通过多种技术来消除,这些技术也称作"量子纠错"(QEC)。此外,量子计算机中并不是完全不允许错误存在,它可以对低于一定阈值的错误概率进行容错,这取决于计算机硬件、错误源,以及用于 QEC 的协议[3]。

5.2 超导量子计算器件

如果要构造量子比特,还必须要满足能级分立性和非线性。超导量子比特包含一个关键器件——约瑟夫森结。约瑟夫森结由两个超导层夹着一个非超导势垒层紧密连接,势垒层厚度为纳米级别。温度足够低的时候,超导层中的电子形成电子对,这些电子对可以隧穿通过势垒层。超导约瑟夫森结是一种非线性器件,具有几乎无耗散的优势,可以说是提供电路非线性的最佳选择。超导电子比特器件由超导的线性 LC 振荡电路与约瑟夫森结组成，如图 5.2 所示[4]。

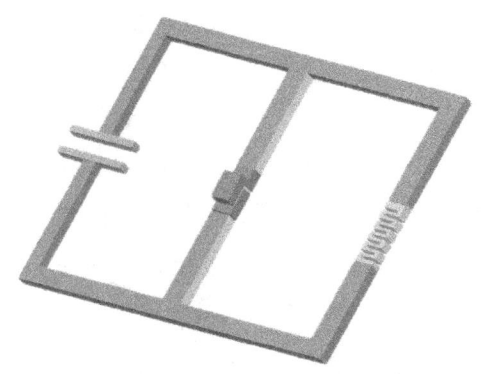

图 5.2　超导量子比特器件的电路示意图

首先，考虑一个普通的 LC 振荡电路，它提供了一个量子谐振器。谐振器的总能量是电容器的充电能量和电感的感应能量之和。谐振器的哈密顿量改写为

$$H_{\mathrm{LC}} = \frac{Q^2}{2C} + \frac{1}{2}C\omega_r^2 \Phi^2 \tag{5.6}$$

其中，$E_C = \dfrac{Q^2}{2C}$ 是电路系统等效动能，$E_L = \dfrac{C\omega_r^2 \Phi^2}{2}$ 是电路系统等效势能，ω_r 是振荡电路的共振频率，电路系统的电荷和磁通满足对易关系：$\left[\hat{\Phi}, \hat{Q}\right] = i\hbar$。我们可以发现 LC 振荡回路系统总哈密顿量与一维谐振子的哈密顿量形式极为相似，我们将其做同样的处理，最终可以将体系哈密顿量用产生湮灭算符表示为

$$\hat{H}_{\mathrm{LC}} = \hbar\omega_r \left(\hat{a}^\dagger \hat{a} + \frac{1}{2}\right) \tag{5.7}$$

这导致了谐振子的能级量子化。但尽管其能级是量子化的，这种简谐振子无法用于构造量子计算机，因为它所有的能级差都是等距的，不满足非线性的特点，无法保证在某两个确定的状态上(比如基态和第一激发态)进行操作。为了满足量子比特的要求，必须在电路中引入一定的非线性。

约瑟夫森结中，穿过结的隧道电荷的量子化使势能中的抛物线具有余弦项，其振幅由约瑟夫森能 E_J 给出，与结临界电流成正比。约瑟夫森结的非线性总体表现为一个非线性的电感：

$$L_J = \frac{\Phi_0}{2\pi I_c \cos\delta} \tag{5.8}$$

其中，包含了约瑟夫森结的超导电路，可以构建出不等距的能级结构，满足了量子比特非线性的特点。除了非线性的约瑟夫森结，我们利用线性的电容和电感等无损器件来调整系统的哈密顿量，最终得到想要的能级结构。这就是为什么超导量子比特通常又被称为"人工原子"的原因：它的能级结构，或者说哈密顿量，可以通过改变电路参数来人为地调节。

超导量子比特器件有三种基本类型：电荷量子比特、相位量子比特和磁通量子比特。不同类型超导量子比特器件之间的一个关键区别是 E_J/E_C 的比率。如图 5.3 所示，这个比率改变了波函数的性质及其对电荷和磁通波动的敏感性。第一种超导量子比特器件是超导电荷比特，如图 5.3 所示，电荷比特中 E_L 可以忽略不计，它满足条件 $E_J<E_C$，有时这类器件称为库珀对盒，它的量子态主要是依赖于库

珀对盒电荷量子数。磁通量子比特中，超导电路系统的 $E_J/E_C \sim 100$，它的两个最低的能级对应超导环中两种不同方向的超导电流。相位量子比特 E_J/E_C 接近 10^4，最低能量对应约瑟夫森结的赝势阱非简谐势阱的本征值。在这 3 种基本超导量子比特的基础上衍生出许多其他种类的超导量子比特，比如传输子量子比特(Transmon)、电容并联磁通量子比特(C-shunt flux qubit)等。

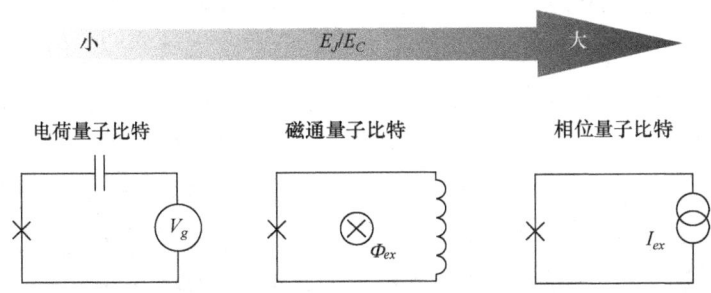

图 5.3　超导量子比特三类型

不同种类的超导量子比特之间有一个共同的话题是延长退相干时间。超导量子态作为一种宏观的量子态，虽然带来了易于操控和读出的优势，但这种更"大"、更宏观的态的叠加比微观的态更易与环境发生耦合，相干性更容易遭到破坏。相比最开始的实验中小于 10ns 的退相干时间，如今 2D Transmon 已经将退相干时间延长到几百微秒，但这仍然不够满足大深度的量子算法，所以说如何减小退相干仍然是超导量子比特研究中的一个重大的课题[5]。

围绕超导量子比特的另一个重要话题就是量子门操作。在实际的量子计算过程中，我们总是需要操纵单个量子比特(单比特门)或者多个存在耦合的量子比特(多比特门)。超导量子比特系统中携带信息的是系统所处的能级，进一步说就是器件中的电荷量、磁通量等物理量。因此我们可以使用电磁波直接与器件耦合，用与量子比特频率共振的微波通过电感或者电容与量子比特相互作用，实现任意单比特门。为了实现微波和量子比特之间的更强的耦合，我们还会把器件放在谐振腔中，使用超导材料制作的谐振腔通常具有极高的品质因子，可以千百倍地增加与量子比特耦合的微波强度。多比特门的基本原理与单比特门类似，只是多比特门中还需要量子比特之间的耦合。不同的量子比特也可以通过电容或者电感产生相互作用。超导量子比特形式多样，电路自由度很多，因此超导量子比特的耦合方式有很多种。最简单的耦合方式就是将两个量子比特用电容直接相连，但是多个比特的耦合必定伴随着比特之间的串扰。解决方案就是使用一个可调的耦合单元，这个单元可以是约瑟夫森结、超导量子干涉器(SQUID)，甚至是第三个量子比特。耦合单元可以在平时切断量子比特之间的耦合，仅在进行门操作的时候允许耦合，这样就解决了串扰问题，这也是目前的主流方案。

衡量门操作好坏的最重要指标是门操作保真度。导致保真度降低的一个因素就是量子比特的退相干，如果操作时间过长，操作过程中的退相干将会使结果不再完全可控。另一方面，因为操作过程本质就是使用微波控制量子比特，一味地缩短操作时间会导致微波脉冲不够理想，这种情况下的微波不再是理想的"单色光"，有可能将量子比特激发到"0"和"1"以外的状态上，这也会导致保真度降低。目前单量子比特门操作保真度已经达到99.95%以上，然而两量子比特门操作保真度只有 99.8%，这也是当前超导量子比特领域的一个重要课题。

超导量子电路中，广泛使用了微弱的微波信号探测量子比特的状态。超导约瑟夫森参量放大器，一般工作在稀释制冷机的最低温区，其噪声温度接近量子极限。参量放大，顾名思义泵浦信号含时改变系统中某一个参数，从而驱动系统放大输入的信号。一般参量过程需要非线性媒介，实现泵浦信号相干放大输入信号。在量子光学系统中，一般使用非线性折射率介质实现不同频率光的混频参量过程。在超导约瑟夫森器件中，约瑟夫森电感或者 SQUID 电感被广泛应用于参量混频过程。根据驱动模式不同，可以包括电流驱动和磁通驱动。相比于传统商业的半导体低温放大器，超导约瑟夫森参量放大器作为前置放大器大幅提高了超导量子信息测量信号的信噪比，是实现超导量子比特的单发非破坏性测量的关键器件。过去十来年，超导约瑟夫森参量放大器对超导量子信息领域有很大推动作用。宽带高饱和功率的行波放大器，有望像高电子迁移率晶体管(HEMT)成为一个噪声接近量子极限的商用低温放大器[6]。

5.3 半导体量子计算器件

半导体材料是经典信息器件的基石，在量子信息器件中扮演着越来越重要的角色。半导体量子计算器件主要以束缚的电荷态或者自旋态作为量子比特，实现电荷束缚主要有两种方式：门控量子点和硅片上原子掺杂。早在 1998 年瑞士贝塞尔大学的 Loss 和 IBM 公司的 DiVincenzo 教授就已经提出了利用门控量子点中束缚电子的自旋态做量子计算的方案[7]。半导体量子点利用微纳加工技术，实现量子比特寻址、操控和读出，由于该方案与半导体集成工艺的兼容性，引起学术界和半导体工业界的广泛关注。1998年，Bruce Kane 也提出了一种量子计算方案：利用硅掺杂磷原子，然后把量子比特编码于核自旋中[8]。科学家尝试利用 STM 针尖等定向注入磷原子的方法，在磷原子中制备、操控和测量器件，从而实现核自旋比特的控制和读出。本节重点介绍门控量子点器件的物理实现、控制和测量，两者在比特控制和测量上有一定的相似之处。

在半导体材料中，门控量子点是指利用异质结构、维度(如二维材料、一维纳米线)结合金属电极电势束缚，电子/空穴在三个维度的运动受到限制，从而导致类似于原子的离散的能级结构。图 5.4(a)是一种典型的门控量子点结构，电极在半导体异质结上方，半导体异质结构势阱形成二维电子气，几十到几百纳米尺度内有一系列门电极用于形成门电极可控的势阱，从而束缚电子。根据势阱形状，常见的半导体量子器件包含单量子点(图 5.4(b))和双量子点(图 5.4(c))，它们广泛应用于制备半导体电荷量子比特和自旋量子比特。目前，门控量子点已经在各种半导体纳米结构中实现，包括 GaAs/AlGaAs 异质结，Si/SiGe 异质结，石墨烯，硅 MOS，SOI，纳米线，纳米管等。

半导体量子点制备后，通过稀释制冷机冷却到 10mK～1K 环境，然后通过门电极调控量子点的二维势阱，使得量子点内电子的进出处于单电子隧穿过程，源极/漏极费米面高于量子点能级时，呈现库仑阻塞(如图 5.5(a)和 5.5(b))。

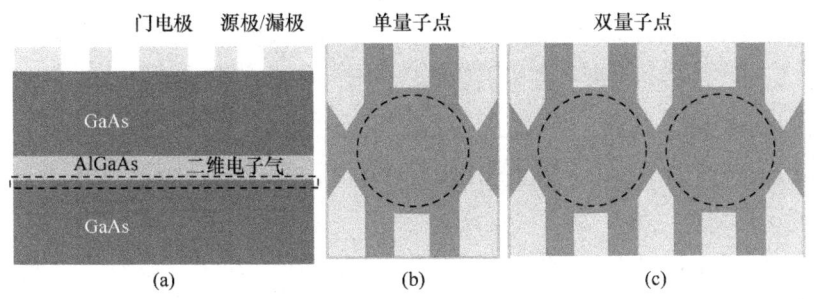

图 5.4 门控量子点器件图

如图 5.5(c)所示库伦菱形图，实线代表有电流流过门控量子点，我们可以通过电极调控电子/空穴在量子点中电荷量子态。量子计算中，一般使量子点工作在少电子/空穴区。半导体量子点量子比特可以通过 1/2 电子自旋、两电子自旋的单重态和双重态、三电子自旋量子态、电荷量子态和自旋杂化量子态等进行比特信息编码。

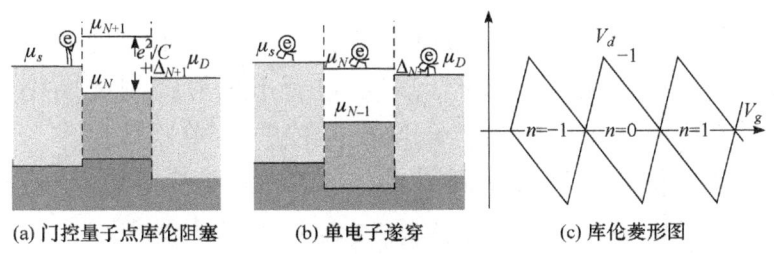

图 5.5 门控半导体量子点的电学输运特性

如果我们把电子或者核自旋状态处于外加磁场 $\vec{B}_0$，我们可以把量子比特 $|0\rangle$ 和 $|1\rangle$ 编码在自旋朝上(与外界磁场相同)和自旋朝下(与外界磁场相反)。类似于核磁共振技术，实现自旋比特的单比特操作，一般要通过微波射频产生交变磁场从而与电子自旋共振。另外，也可以将电子置于集

成的微小磁体的芯片上，由于磁通梯度和电子自旋轨道耦合，我们可以利用交变电场产生等效的交变磁场实现单自旋比特量子门操作。电子自旋极易受到外界环境的影响，特别是衬底中原子核核自旋态扰动的影响，退相干时间一直比较低。基于此，科学家把半导体量子计算研究集中在没有核自旋纯化的 ^{28}Si 量子点，在该类器件中，自旋退相干时间($T2^*$)可以达到 20μs。澳大利亚科学家通过在硅中掺杂 ^{31}P$^+$，观察到核自旋比特退相干时间超过了 30s，以及核自旋耦合的电子自旋退相干时间达到了 270μs[9]。

另外，为了降低自旋退相干，我们可以把量子比特编码在两自旋的单重态 $|S\rangle$ 和三重态 $|T_0\rangle$：

$$|S\rangle = (|\uparrow\downarrow\rangle - |\downarrow\uparrow\rangle)/\sqrt{2}$$
$$|T_0\rangle = (|\uparrow\downarrow\rangle + |\downarrow\uparrow\rangle)/\sqrt{2} \tag{5.9}$$

两自旋比特的操作通过自旋交换相互作用实现单比特门操作。两自旋比特操作可以通过全电信号控制交换相互作用，从而通过电信号实现量子比特的 σ_z 单比特操作。通过在两自旋之间加入不同磁场，可以实现量子比特的 σ_x 操作。对于两自旋比特，依然需要额外磁场才能实现普适单比特操作。

电荷比特一般可以把量子比特编码在双量子点电荷态的不同位置上，比如左量子点和右量子点。量子比特的操作可以通过库伦相互作用实现。另外，可以通过绝热 Landau-Zener-Stuckelberg 操作，实现快速普适单量子比特操作。除此之外，半导体量子比特也可以编码在电荷和自旋杂化的量子态中。

根据量子比特编码不同，半导体量子点量子比特的两比特门采用不同的方法实现调控。对于自旋量子比特，主要通过自旋交换相互作用实现控制 $\sqrt{\text{SWAP}}$ 门，基于 $\sqrt{\text{SWAP}}$ 结合单比特门可以实现普适量子门操作，比如控制相位门，CNOT 门。单三重态自旋量子比特，交换作用量子比特和杂化量子比特等，主要通过电荷之间的库伦相互作用，实现两比特门。另外，我们可以通过半导体量子比特与微波谐振腔的强耦合，实现不同半导体量子比特两比特门。超导微波谐振腔是用于读出和耦合固态量子比特的重要的工具。在半导体电子自旋比特中，通过微波谐振腔可以提高自旋比特之间的远程耦合。不同于超导量子比特，半导体量子比特尺寸更小，偶极矩也小。与超导量子比特相比，半导体量子比特与微波谐振腔耦合强度较小。为了实现半导体量子比特与超导微波谐振器的强耦合，制备高阻抗且高品质因子的微波谐振器是关键技术。

不管半导体量子比特编码于何种量子态，量子比特的读出都是基于半导体量子点中电荷和自旋态的测量。在电荷态测量中，我们需要实现单电子精度的电荷传感器。半导体门控量子点中，经典的电荷传感器有量子点接触(QPC)，单电子晶体管(SET)，以及基于 QPC 和 SET 的射频 rf-QPC 和 rf-SET。QPC 和 SET 本身就是接近单电子隧穿的器件，因此当 QPC 和 SET 靠近测量量子点时，就可以实现量子点中单电子变化信号的测量。

半导体量子点中电子自旋的测量，可以利用外磁场下电子自旋向上和向下有不同能量，把自旋测量转换成电荷态的测量。当量子点的电子费米面处于电子自旋向上和向下能级中间，在量子点旁边放置灵敏电荷探测器(如 QPC)，通过电荷探测器信号即可判断自旋的状态。自旋比特的非破坏测量可以在量子点旁边放置 QPC，利用微小磁铁使量子点有不均匀的磁场，通过微波使得量子点电子直接跃迁，由于自旋向下和自旋向上对应不同微波共振频率，所以可以通过微波测量实现电子自旋的读取。另外，也可以利用自旋泡利阻塞实现自旋比特的测量。

半导体量子比特采用了现代半导体芯片技术，其研究不仅推动量子计算的发展，同时也带动了半导体技术，纳米技术，低温技术，射频技术等领域的发展。半导体量子点是很好的凝聚态物理研究实验平台，在量子计算、原子壳层结构、量子混沌效应、量子多体效应等都有应用。

5.4 光子量子计算器件

光子的量子态可以通过光子的偏振状态、空间模式等进行区分，因此光子可以作为量子信息的载体。作为电中性的粒子，光子与光子之间的相互作用非常弱，甚至与许多物质也不会发生强相互作用，这就意味着光子存在着比较弱的退相干效应。同时只需要一些简单的光学器件例如反射镜、分束器、1/4 波片、移相器和光探测器等就可以对光子进行操控和读取。所以，以光子作为量子比特存在着一定的优势。然而，要实现多量子比特的操控，获得真正意义上的量子计算，则需要光子之间具有强相互作用，一般需要通过非线性过程才能实现。这对于实现光量子计算是一个巨大的挑战。

光具有不同的偏振状态，可以定义一组基矢：水平偏振态$|H\rangle$和垂直偏振态$|V\rangle$。因此光子的偏振量子态可以在$|H\rangle$和$|V\rangle$的基矢下表示，这实际就是一个单比特：

$$|\psi\rangle = \alpha|H\rangle + \beta|V\rangle \tag{5.10}$$

光学器件移相器能调节透射光的相位，可以用矩阵$P(\phi)$来表示移相器对光子的作用。

$$P(\phi) = \begin{pmatrix} e^{i\phi} & 0 \\ 0 & 1 \end{pmatrix} \leftrightarrow \begin{pmatrix} e^{i\phi/2} & 0 \\ 0 & e^{-i\phi/2} \end{pmatrix} \tag{5.11}$$

$P(\phi)$可以实现对量子态的相位门操作，当$\phi = 0$对应着对一个光量子态的Z门的操作：

$$\begin{aligned} P(0)|H\rangle &= |H\rangle \\ P(0)|V\rangle &= |V\rangle \end{aligned} \tag{5.12}$$

另一个重要的光学器件就是分束器，它的作用可以通过矩阵$B(\varphi,\theta)$表示：

$$B(\varphi,\theta) = \begin{pmatrix} \cos\theta & -e^{i\varphi}\sin\theta \\ e^{i\varphi}\sin\theta & \cos\theta \end{pmatrix} \tag{5.13}$$

X门和Y门所对应的操作用分束器矩阵$B(\varphi,\theta)$可以表示：

$$\begin{aligned} X &= B(\pi/2,\pi/2) = \begin{pmatrix} 0 & -i \\ -i & 0 \end{pmatrix} \leftrightarrow \begin{pmatrix} 0 & 1 \\ 1 & 0 \end{pmatrix} \\ Y &= B(0,\pi/2) = \begin{pmatrix} 0 & -1 \\ 1 & 0 \end{pmatrix} \end{aligned} \tag{5.14}$$

可以看出通过移相器和分束器等光学器件的适当组

合就可以构造出的任意的单比特操作，例如 H 门可以如此表示：

$$H = B(\pi/2, \pi/2)B(0, \pi/4) = 常数 \times \begin{pmatrix} 1 & -1 \\ 1 & 1 \end{pmatrix} \quad (5.15)$$

但是通用的量子计算所需用的是可控的量子门，光子所携带的信息要能够被追踪，因此就需要制备纠缠光子实现多比特的操控，这样量子计算才有意义和价值。

2001 年，Knill 等人提出了 KLM(Knill-Laflamme-Milburn)量子计算方案[10]。这个方案仅使用单光子源和探测器以及线性光学电路就可以实现通用的量子计算。但是该方案需要依靠额外的辅助策略，例如量子纠错和量子不确定性测量等。同年 Raussendorf 和 Briegel 提出了一种单向的量子计算方法，首先制备出 cluster 纠缠态，并以此作为初始态，然后选择一定的测量顺序进行一系列的单比特测量实现量子计算[11]。由于测量造成量子态的坍缩，这种方式的量子计算机也称为单向量子计算机。后来 Brien 等人通过 Shor 量子因式分解算法验证了 KLM 方案的可行性[12]。Zeilinger 小组通过通用的量子比特操作运算证明了单向量子计算的可行性，他们实现了 Grover 搜索算法，证明了单向量子计算非常适合此类任务[13]。另外，受控的量子比特操作，也可以通过非线性的效应实现，通过增强光子与光子之间的相互作用，实现光子之间的关联，进而实现多光子比特的操控。Zeilinger 等人用参量下转换的光子证明了非线性效应引起的相位移动，并指出非线性效应可以用于可扩展的量子计算中[14]。

多光子比特操控往往伴随着光子的量子干涉效应，因此可以利用量子干涉来实现量子态测量。比较常见的是 HOM(Hong-Ou-Mandel)干涉和 Mach-Zehnder 干涉。

当在分数器的两端分别输入一个光子，可以得到

$$\begin{aligned}|\psi\rangle_{out} &= B(\pi/2, -\theta)|1,1\rangle \\ &= (\cos^2\theta - \sin^2\theta)|1,1\rangle \\ &\quad + i/\sqrt{2}\cos\theta\sin\theta(|2,0\rangle + |0,2\rangle)\end{aligned} \quad (5.16)$$

当 $\theta = \pi/4$ 时，$|1,1\rangle$ 几率幅为零。可以想象当两个光子分别从分束器的两端入射，会有三种情况，两个光子从同一端口输出(图 5.6(a), (b))，或者两个光子分别从两端口输出(图 5.6(c))，对于第三种情况存在两条不能区分的路径，即从某一端口输出的光子可以是透射的光子也可以是反射的光子，因此对于第三种情况存在量子干涉，当满足一定的相位匹配，可以完全相消。HOM 干涉效应也可以扩展到更一般的多光子情况。

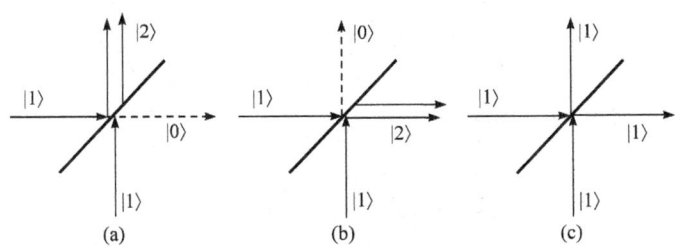

图 5.6　HOM 干涉原理示意图

Mach-Zehnder 干涉仪(图 5.7)主要是由分束器、反射镜以及一些探测设备组成。它在研究量子物理基本问题中有重要应用，同时也是重要的测量仪器。当在输入端口输入信号，在探测器端口可以得到：

$$\begin{pmatrix} a_{\text{out}} \\ b_{\text{out}} \end{pmatrix} = B(\pi/2, -\theta) P(-\phi) B(\pi/2, \pi/4) \begin{pmatrix} a_{\text{in}} \\ b_{\text{in}} \end{pmatrix}$$

$$a_{\text{out}} = \left[\left(e^{-i\phi} - 1 \right) a_{\text{in}} + i \left(e^{-i\phi} + 1 \right) b_{\text{in}} \right] / 2 \quad (5.17)$$

$$b_{\text{out}} = \left[i \left(e^{-i\phi} + 1 \right) a_{\text{in}} + \left(e^{-i\phi} - 1 \right) b_{\text{in}} \right] / 2$$

考虑只输入一个光子，有 $\langle n_a \rangle = \sin^2 \left(\dfrac{\phi}{2} \right)$，$\langle n_a \rangle = \cos^2 \left(\dfrac{\phi}{2} \right)$，因此测量信号随着相位差 ϕ 变化，可以出现干涉条纹，而且在两个端口都可以测到信号。这说明即使单个光子也存在干涉现象，这对于光本质以及光的波粒二象性的探究有着重要的意义。

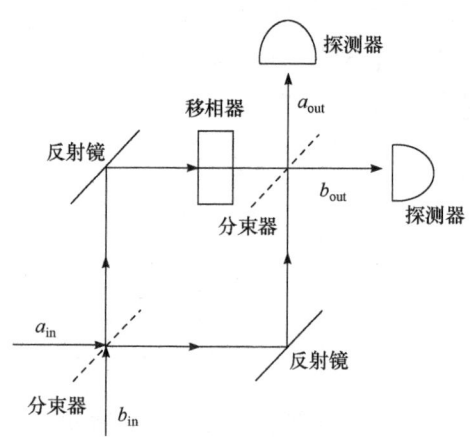

图 5.7　Mach-Zehnder 干涉仪示意图

如果输入一束相干光 $\langle n_a \rangle = |\alpha|^2 \sin^2 \left(\dfrac{\theta}{2} \right)$，$\theta$ 为两条路径的相位差。由对易关系可以得到相干态的光子数的涨落

$\Delta n = \sqrt{\langle n^2 \rangle - \langle n \rangle^2} = |\alpha|$，相位的灵敏度满足 $\Delta\theta = \Delta n / \left(\frac{\partial \langle n \rangle}{\partial \theta} \right)$，可以得到干涉仪的灵敏度 $\Delta\theta = 1/(|\alpha|\sin\theta)$，当 $\theta = \pi/2$ 时，$\Delta\theta = 1/|\alpha|$ 接近 Heisenberg 不确定度的量子极限 $\Delta\theta\Delta n \geqslant 1$。因此，Mach-Zehnder 干涉仪可以用于相位的精确测量，而且通过一些非线性效应等方式可以提高它的灵敏度。

实现有效的光量子计算，高效的单光子源或者纠缠光子源，以及高灵敏度的单光子探测设备，是必不可少的。单光子最直接的量子性质，就是反聚束效应，这也是实验上用来判定单光子条件之一。因此通过将激光逐级地衰减，直到接近单光子能量，虽然平均光子为 1，但此时光仍然是相干态，不会存在反聚束效应。目前产生单光子的方式，是激发一个近似的两能级系统，由于量子涨落，系统会以光子的形式辐射出能量。目前比较好的单光子源是半导体量子点单光子源。量子点是一个在三维空间受限的结构，它具有像自然原子一样的分离的能级，也被称为人工原子。量子点通过光或者电激发可以形成电子—空穴对，当电子—空穴复合时就会产生光子，这类似于二能级模型。Imamoglu 利用脉冲激光激发量子点，产生了一系列单光子脉冲，获得效率接近 100%的理想单光子源器件[15]。除此之外，还有单原子、单离子和色心等作为单光子发射器。

纠缠光子的制备目前主要采用是 Kwiat 提出的方案，通过泵浦非线性晶体，利用参量下转换非线性过程，产生两个光子，可以获得双光子 Bell 态[16]。目前国际上多光子

(三个光子以上)纠缠的世界纪录是由我国科学家创造的。

理想的单光子探测器一般要求：光子入射到探测器上时探测概率为100%，没有光子入射时的暗计数率为零，探测到一个光子后，探测另一个光子的等待时间为零，光信号转化为电信号过程中的抖动为零。此外，一个完美的单光子探测器还要有能力区分入射脉冲中的光子数(称为"光子数分辨率")。相比于传统的光电倍增管探测器，单光子雪崩光电二极管以及超导单光子探测器是目前被研究和关注最多的。单光子雪崩光电二极管主要是利用了吸收光子后，施加电压获得高能电子，通过电子与晶格等的碰撞，获得较大的增益信号。对于超导单光子探测器而言，当吸收一个光子后，会引起温度的升高，使得器件从超导相转变为正常相，此时的电阻率会有发生跳变，通过这个变化，可以有效且灵敏地探测到光子。超导单光子探测器的探测效率可以到90%以上，暗记数几乎可以忽略。这种极高的探测效率是其他探测器目前都无法达到的[17]。

目前光量子计算实验中，最普遍的是玻色采样实验。让光子通过多重分束器，可以拓展出巨大的态矢空间，这是经典计算几乎无法求解的，可以很好地显示量子计算的优越性。在这方面，我国科学家走在世界的前列，他们成功演示了76个光子近100个模式的高斯玻色采样，构建了量子计算原型机"九章"[18]。

然而，要实现真正意义上光量子计算，还有很长的路要走。因为用光子进行量子计算，就必须使用一些方法来调节光子与光子的相互作用。这是实现光量子计算的重要挑战。当然，良好的光子源以及灵敏高效的光子探测器，也是重要的技术支持。目前这些方面的技术发展十分迅速。另外,光子不易退相干(失去信息),且有极快的传播速度。因此,光学系统很可能在未来的量子信息技术中扮演重要的角色。

5.5 离子阱量子计算器件

在离子阱量子比特中,我们的量子信息储存在离子所处的能级中,离子所处的不同能级代表了量子比特的不同状态,如图 5.8。为了方便量子比特的操控和测量,我们希望离子的位置基本固定,因此我们需要离子阱。事实上,早在量子计算兴起前,离子阱就已经在原子钟中得到了大量应用。目前的离子阱主要是射频离子阱(RF Paul Trap),这一离子阱的原理是使用非均匀高频交流电场,将离子约束在电场的势能零点附近。

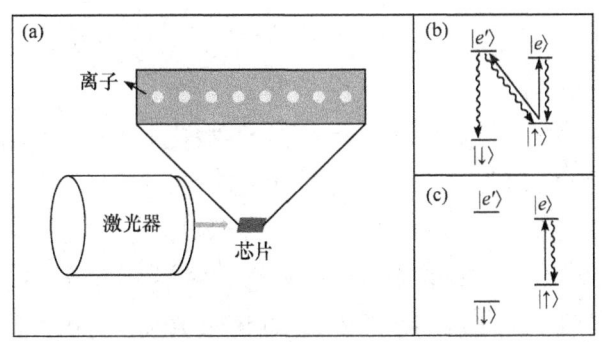

图 5.8 离子阱量子比特器件

离子阱量子计算的实现主要分为以下几个过程:首先是初始化过程,需要获得离子,将离子送入离子阱,并将它们初始化;然后是计算过程,需要使用离子阱量子比特实现逻辑门，通过逻辑门处理量子信息；最后是读取过程，通过光学等方法，读取量子比特状态[19]。

离子阱量子比特使用离子中的不同能级储存量子信息。根据信息能级的不同选择方式，离子阱量子比特可分为塞曼量子比特、精细结构量子比特、光学量子比特、超精细结构量子比特等[20]。

在这些类型的量子比特中，携带信息的状态一般选在S态或者D态能级上，因为这些能级具有较长的弛豫时间，而弛豫时间短的P态能级则充当中间态，用于初始化、门操作甚至激光冷却。其中塞曼量子比特和超精细结构量子比特使用的都是S态能级，因此理论弛豫时间较长，可达秒量级。这两种量子比特的缺点是对磁场敏感，因为磁场强度直接影响量子比特频率，所以磁场的波动将带来量子比特退相干。光学量子比特和精细结构量子比特需要D态能级介入，因此弛豫时间稍逊于前两种量子比特。但是因为使用到D态能级，可以使用荧光辐射的方法进行测量，探测效率更高。

量子比特门操作的第一步是初始化，使量子比特处在一个确定的初态。与其他的量子比特类似，离子阱量子比特初始化的第一步是冷却。这里的冷却包含两方面，一方面指降低离子(其中的电子)的能量，尽量使离子(中的电子)处在低能级。一般使用激光冷却和荧光辐射测量等方案，诱导处在亚稳态的离子通过不稳定能级，最终降落到基态能级。另一方面是将离子在势阱中的振幅降到最低，以免离子在电磁场势阱中的振动引起量子比特退相干。这主要由多普勒冷却等方法实现。

单量子比特门中最重要的一部分就是实现量子比特从 $|0\rangle$ 到 $|1\rangle$ 的跃迁。这一过程的主要实现方案有光学激发、微波激发、拉曼跃迁三种方式。根据量子比特的不同种类，适合采用的激发方式也不同。

光学离子阱量子比特最常使用的方案是光学激发，使用激光直接激发量子比特。由于激光的高汇聚性，光学激发引起的串扰可以被很好地抑制。这一方案的缺点是激光器的线宽限制了量子比特的弛豫时间。

对于塞曼量子比特和超精细结构量子比特，最常使用的方案是拉曼跃迁(Raman Transition)。具体过程如图 5.9 所示。这一方案对激光器的线宽要求小了很多，因为这一过程只要求两束激光的频率差恒定，这可以使用声光器件等方法实现。

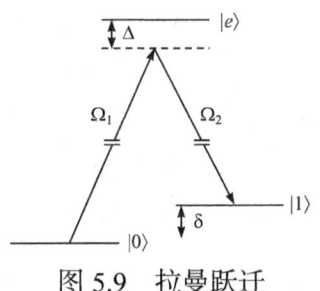

图 5.9　拉曼跃迁

精细结构量子比特使用的一般方案是微波激发，与光学激发类似，这一方案原理简单，技术成熟。缺点是微波的波长在厘米量级，很难限制，即使进行了精确的设计，微波也总是会激发一定区域内的所有离子。

这三种方案都可以达到很高的保真度，目前的国际水平在 99.99% 以上，门操作时间一般在微秒量级。如果要缩短门操作时间，保真度会受一定影响。

离子在势阱中的运动类似简谐振子，这种振动也具有能级，称为运动能级(motional state)。运动能级与离子能级之间有一定的耦合，我们可以用特定频率的脉冲实现能量在两者之间的转移。如果一个势阱中存在多个量子比特，它们的运动能级会相互影响，最终形成集体振动模式(类似晶体中的"声子")，这种集体振动模式可以用于实现两量子比特逻辑门。

Cirac 和 Zoller 提出了第一个两比特逻辑门，这个逻辑门可以实现一个 CNOT 操作，具体原理如图 5.10 所示[21]。这个两比特逻辑门包含三步：第一个π脉冲作用在控制量子比特上，它的作用是判断控制量子比特的状态(如图 5.10(a))。如果控制量子比特处在$|1\rangle$态，这个π脉冲可以将系统激发到集体振动模式上；如果量子比特处在$|0\rangle$态，这个脉冲的频率与所有可能的跃迁频率失谐量都很大，因此这个脉冲不会改变系统的状态。第二个 2π脉冲作用在目标量子比特上(如图 5.10(b))。如果系统同时满足①处于集体运动模式；②目标量子比特处在$|1\rangle$态，则这个脉冲会驱动目标量子比特经过一个中间态回到原状态，在这个过程中，系统会积累一个π相位。如果这两个条件有任一个不满足，则此脉冲同样不会改变系统状态。最后一个π脉冲作用在控制量子比特上，它的作用是将控制量子比特归位(如图 5.10(c))。这一系列操作的最终结果是只有当控制量子比特和目标量子比特都处在$|1\rangle$态时，系统才会进入集体振动模式，并且获得π相位；只要有任一个量子比特处在$|0\rangle$态，

系统的状态就不会有任何改变。这一方案十分简单，只需要三个脉冲即可完成，但是它要求系统运动能级的初始态必须在基态，这对冷却提出了很高的要求，而且运动能级相比离子能级更易受扰动。这种方案得到的最高门保真度为 77%，操作时间为 400μs。

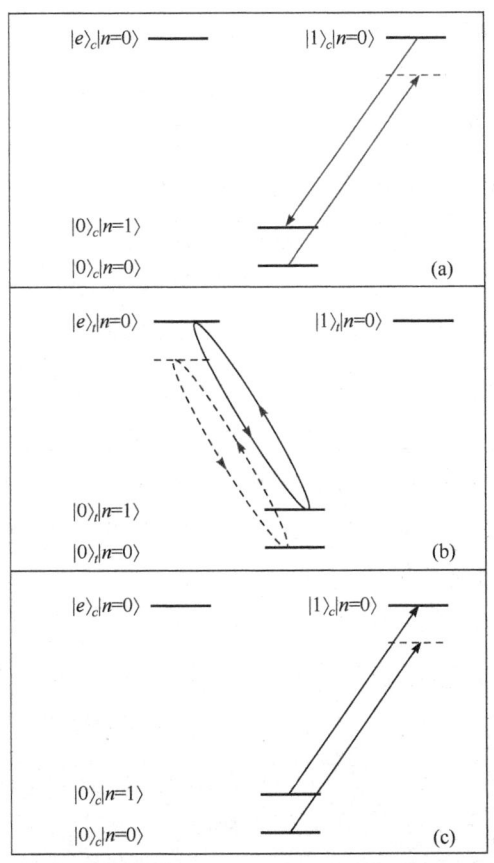

图 5.10　Cirac-Zoller 两比特逻辑门

两量子比特门的其他实现方式还有 Mølmer-Sørensen 门和 Leibfried 几何相位门。这两种门方案中采用几何相位产生 CNOT 门中的π相位，而且对系统运动能级的初始态不敏感。这两种方案的保真度一般在 99.5%以上，门操作时间在几十微秒量级，这也是目前的主流方案。

目前最常用的量子比特测量方案是荧光辐射。用激光激发量子比特，激光频率对处于$|1\rangle$态的量子比特毫无作用，却刚好能激发处于$|0\rangle$态的量子比特到不稳定能级，然后发生荧光辐射(或者反之)。我们接下来只要观测量子比特是否有荧光辐射，即可获得信息。这一方案的观测效率可以很高，$|0\rangle$态和$|1\rangle$态对应的辐射强度一般会差一个数量级，因此还具有很高的区分度。这一方案甚至可以用于一次观测多个量子比特，但是这会导致区分度降低，只能判断"有量子比特处在$|0\rangle$态"，却很难判断"有多少量子比特处在$|0\rangle$态"。

这一方案的面临的挑战主要是背散射光子，因为入射的激光光子和荧光辐射光子的频率相同，激光光子会干扰观测结果。解决这一问题的方法就是利用双光子效应，使用两束频率不同的光一起激发量子比特，然后在第三个频率接收荧光光子，这就可以避免背景辐射的影响。另一个问题是该方案难以直接用于塞曼量子比特和超精细结构量子比特，因为这两种类型的量子比特频率较小，激发过程中$|0\rangle$态和$|1\rangle$态都会受不同程度的影响。这种情况下我们需要更高的光子接收率和探测效率。

离子阱量子比特的优点中，最重要的一点是它具有很长的相干时间，目前大多数种类的离子阱量子比特相干时间都可以达到几百毫秒，甚至达到秒量级，可以用于制作量子信息存储器。而它的门操作时间一般只有 1~100μs，远小于相干时间，同时门操作保真度很高，单比特和两比特门保真度已经达到 99.9%以上，因此离子阱量子比特十分适合作为量子处理器的组成部分。

由于离子阱量子比特的物理载体为离子，离子阱量子比特系统具有很好的扩展性。目前 QCCD(Quantum Charge-Coupled Device)方案已经实现，它通过移动离子实现任意两个量子比特之间的门操作，划分不同功能的区域，还可以使用多种离子承担不同功能，甚至还可以使离子与光子耦合，借助光学方法进行量子计算[22]。在实现超大规模量子计算系统的过程中，这是极具竞争力的方案。

5.6 中性原子量子计算

中性原子量子计算是将量子信息承载在中性原子上，并借助光与物质以及物质与物质之间的相互作用实现信息处理的物理过程。这里的中性原子通常是碱金属原子，最大的特点是其内层电子饱和，而最外层只有一个价电子。

中性原子量子计算的实现主要分为以下几个过程：首先是初始化过程，需要获得单原子计算阵列，并初始化它们的量子比特状态；然后是计算过程，需要实现量子逻辑门，通过逻辑门对量子比特进行操作；最后是读取过程，通过光学等方法，读取单原子阵列的量子比特状态。

器件的初始化过程主要是通过磁光阱、光学偶极阱等光学势阱实现，以磁光阱为例，通过亥姆霍兹线圈产生四极磁场，中心位置的磁场强度为 0，从六个方向用失谐圆偏振激光相对照射。当原子处于零场处，其吸收频率与激光频率不同，不会发生光吸收。但是当原子偏离零场中心，由于受到磁场作用会发生塞曼效应，原子激发态能级会发生劈裂，原子会开始吸收特定的激光光子，并借助光子的动量回到零场中心，这样就实现了单个中性原子的束缚。

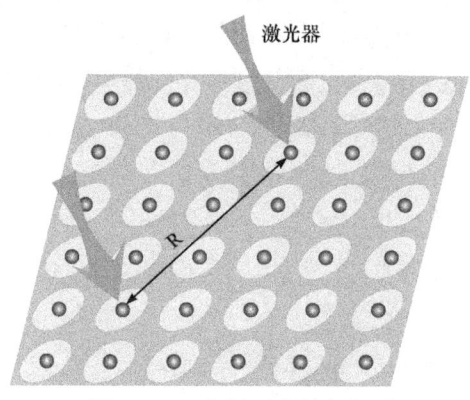

图 5.11 中性冷原子阵列

为了实现量子比特阵列，我们需要引入很多原子阱捕获大量单原子，通过荧光成像的方式确定单原子捕获的位置，并通过寻址系统实现正确的原子操作。除此之外我们还需要有移动中性原子的能力，在实验中常用红失谐光学偶极阱来实现。红失谐的光学偶极阱能够将原子囚禁在拉格尔高斯光束的束腰处，通过轻微抖动光束，就能实现原子的位移和搬运。同时强激光光场会使得原子的能级发生移动，可以用微波光场对其单独操作，而不会影响其他原子。

中性原子最外层的价电子的特性是实现信息存储和计算的关键。当价电子处在基态时，电子相对接近原子核，处在紧束缚状态下，几乎不会和其他原子间发生相互作用。

而当价电子处在高主量子数的激发态时，内层电子和原子核可以被看成是一个带正电的物理系统，它与价电子会构成电偶极子。由于价电子距离原子核较远，电偶极子的电偶极矩可以很大，能够和其他处在高主量子数的激发态的中性原子借助长距范德华力产生相互作用。处在这样激发态的中性原子被称为里德堡原子[23]。

中性原子量子比特被编码在原子的基态上，通常选取同一主量子数，轨道量子数为零，不同核自旋总角动量量子数的能态分别为量子比特的$|0\rangle$和$|1\rangle$状态。两能态的电子云都是球对称分布，电偶极矩为 0，故中性原子所存储的量子比特相对于其他系统十分的稳定。而且由于两个基态能级没有自发辐射，量子比特$|0\rangle$和$|1\rangle$态之间的转换几乎完全由外加的微波光场控制，可控性很好。

离散变量量子计算的通用逻辑门集合包括了单量子比特门和一个两量子比特 CZ/CNOT 门。

中性原子中的单量子比特门操作主要是依靠编码量子比特$|0\rangle$和$|1\rangle$的超精细能级在微波光场下的拉比振荡和双光子拉曼过程实现。

在发生拉比振荡时，微波光子能量与量子比特$|0\rangle$和$|1\rangle$能级能量差相匹配，量子比特$|0\rangle$和$|1\rangle$会随时间演化发生周期性的翻转，调节微波脉冲的长度就可以调节量子比特的状态。在双光子拉曼过程下，原子借助一个虚拟的能级，通过吸收泵浦光场并受激辐射出一个拉曼光子来实现在能级之间的移动，因此，泵浦光和诱导拉曼光相位差决定了量子态的演化。

双量子比特 CZ 门则可以由里德堡阻塞、里德堡缀饰等方式实现。

里德堡阻塞指的是当一个处在量子比特 $|1\rangle$ 的中性原子被一定频率的激光激发到里德堡态时，会产生较大的电偶极矩，其诱导的电场会影响它周边的中性原子，使得周边中性原子的能级发生移动，这样周边的中性原子就不会被同频率的激光诱导拉比振荡发生相位的改变，从而实现了 CZ 操作。

里德堡缀饰通过将外界的微波光场看作是系统的一部分，将本征能态修正为原本征态的线性组合，组合方式和拉比频率以及微波与能级间失谐量有关，通过对微波与能级间失谐量的控制，可以实现原子能级之间的翻转[24]。通过里德堡缀饰并结合单量子比特操作，可以完成 CZ 操作。

中性冷原子器件计算结果的测量，常用的方法是通过共振激发[25]将处于量子比特 $|1\rangle$ 状态的中心原子加热，使得它有足够的动能从原子势阱中逸出，然后对整个量子比特阵列，进行荧光成像，通过分析空位我们就可以知道，哪些位置的量子比特为 $|0\rangle$，哪些为 $|1\rangle$。这样做的劣势在于每次计算后都需要重新装填原子。还有一种方法是利用量子比特 $|0\rangle$ 和 $|1\rangle$ 态能级不同，共振光激发的荧光波长不同来探测不同位置量子比特的状态。

中性冷原子器件由于将信息编码在了稳定的基态上，具有极高的稳定性、可控性以及很长的相干时间，可以作为量子存储器使用，存储量子信息乃至量子纠缠态。在量子通信领域，这样的量子存储器可以作为量子中继使用，实现量子互联网以及保密通信。

由于中性冷原子量子计算器件的物理载体为单原子阵列，具有很好的扩展性，是实现超大规模量子计算系统极具竞争能力的方案。而且原子与光的相互作用密切，中性冷原子器件可以结合光电、原子两大领域，可以方便地实现计算、传输、存储一体化。

5.7 其他量子计算器件

与前面几种量子计算技术相比，科学家也开放了核磁共振(NMR)，NV 色心和拓扑量子计算等技术。尽管目前这些技术的集成度和成熟度不高，但是在未来的发展中，基于哪种技术最有可能实现大规模的量子计算机呢？这是一个很难回答问题。每种技术都有自己的优势，同时也存在着问题。

如图 5.12(a)所示，量子比特被编码在分子核自旋态，利用核磁共振技术，可以实现各种核自旋态的操控和探测。核自旋作为量子比特的天然载体，其优势是比特容易获得较长相干时间。不同于其他的量子计算器件，NMR 量子比特采用系综量子态。早期的 NMR 量子比特采用液体中特定分子的原子核自旋。利用液态 NMR，科学家最早演示了 $N=15$ 的因子分解量子算法[26]。然而液体 NMR 量子比特扩展一直没有清晰的技术路线。随后科学家采用固态的 NMR 技术，固体 NMR 量子比特采用固态晶体中某个原子或杂质原子核自旋态。如果把固体样品冷却到更低温度，有望抑制声子振动从而提高量子比特退相干时间。固体系统中，原则上可以实现量子比特精确定位、操控和寻址。

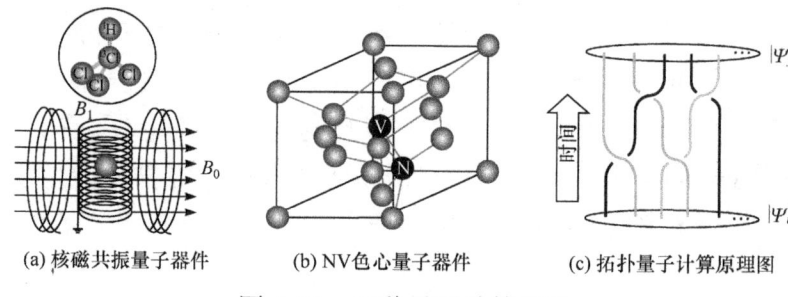

(a) 核磁共振量子器件　　(b) NV色心量子器件　　(c) 拓扑量子计算原理图

图 5.12　三种量子计算器件

如图 5.12(b)所示，NV 色心是金刚石晶体中某个碳原子被氮原子(N)取代，同时在紧邻位置有一个空位(V)。NV 色心中，电子被囚禁在缺陷原子周围，我们可以把量子态编码在电子自旋态中。利用磁场、电场可以调节 NV 色心中能级，利用微波和光等方法对 NV 色心中的电子自旋和核自旋量子态进行操作。在高纯金刚石中，自旋比特退相干时间可以达到毫秒[27]。但是，NV 色心扩展需要色心位置精确控制，这还有较长路要走。除了量子计算方面，NV 色心在室温的环境下具有稳定状态以及量子灵敏特性，目前已经在弱磁场测量和自旋探测领域有很好应用。

拓扑量子计算利用非阿贝尔任意子的内在拓扑特性，把量子信息编码在非局域的非阿贝尔任意子内，得益于非局域性和拓扑特性，拓扑量子比特的相干时间理论上会很长。如图 5.12(c)所示，拓扑量子比特的门操作依赖于二维空间非阿贝尔任意子直接置换操作编织，通过置换两个非阿贝尔任意子，可以实现简并本征态间的幺正变换，从而实现量子门。因为编织过程本身是受拓扑保护的，基于此实现的量子门操作亦受到拓扑特性保护，理论上门保真度是 100%。拓扑量子计算的研究中，Majorana 零模可能是现实中最容易实现的非阿贝尔任意子,因此被寄予厚望。Majorana 零模被预言在拓扑绝缘体与超导体的界面或者在具有强自旋轨道耦合的纳米线与超导体界面中存在[28]。虽然很多实验报道了 Majorana 零模可能存在的证据[29],但是仍然缺乏能最终证明 Majorana 零模的证据。因此,证明 Majorana 零模的存在依然是现阶段拓扑量子计算的重点。

参 考 文 献

[1] Divincenzo D P. The physical implementation of quantum computation. Fortschritte Der Physik, 2000, 48(9-11): 771-783.
[2] Nielsen M A, Chuang I L. Quantum computation and quantum information: 10th anniversary edition. Cambridge: Cambridge University Press, 2011.
[3] Ladd T D, Jelezko F, Laflamme R, et al. Quantum computers, Nature, 2010, 464(7285): 45-53.
[4] Devoret M H, Martinis J M. Implementing qubits with superconducting integrated circuits. Quantum Information Processing, 2004, 3(1-5): 163-203.
[5] Oliver W D, Welander P B. Materials in superconducting quantum bits. MRS Bulletin, 2013, 38 (10): 816-825.
[6] Macklin C, O'Brien K, Hover D, et al. A near-quantum-limited josephson traveling-wave parametric amplifier. Science, 2015, 350(6258): 307-310.
[7] Loss D, DiVincenzo D P. Quantum computation with quantum dots. Physical Review A, 1998, 57(1): 120-126.
[8] Kane B E. A silicon-based nuclear spin quantum computer. Nature, 1998, 393(6681): 133 -137.
[9] Muhonen J T, Dehollain J P, Laucht A, et al. Storing quantum information for 30 seconds in a nanoelectronic device. Nature Nanotechnology, 2014, 9(12): 986-991.
[10] Knill E, Laflamme R, Milburn G J. A scheme for efficient quantum computation with linear optics. Nature, 2001, 409(6816): 46-52.
[11] Raussendorf R, Briegel H J. A one-way quantum computer. Physical Review Letters, 2001, 86(22): 5188-5191.

[12] Politi A, Matthews J C F, O'brien J L. Shor's quantum factoring algorithm on a photonic chip. Science, 2009, 325(5945): 1221.
[13] Walther P, Resch K J, Rudolph T, et al. Experimental one-way quantum computing. Nature, 2005, 434(7030): 169-176.
[14] Sanaka K, Jennewein T, Pan J W, et al. Experimental nonlinear sign shift for linear optics quantum computation. Physical Review Letters, 2004, 92(1): 017902.
[15] Michler P, Kiraz A, Becher C, et al. A quantum dot single-photon turnstile device. Science, 2000, 290(5500): 2282-2285.
[16] Kwiat P G, Mattle K, Weinfurter H, et al. New high-intensity source of polarization-entangled photon pairs. Physical Review Letters, 1995, 75(24): 4337.
[17] You L. Superconducting nanowire single-photon detectors for quantum information. Nanophotonics, 2020, 9(9): 2673-2692.
[18] Hadfield R H. Single-photon detectors for optical quantum information applications. Nature Photonics, 2009, 3(12): 696-705.
[19] Monroe C, Kim J. Scaling the ion trap quantum processor. Science, 2013, 339(6124): 1164-1169.
[20] Bruzewicz C D, Chiaverini J, McConnell R, et al. Trapped-ion quantum computing: Progress and challenges. Applied Physics Reviews, 2019, 6(2): 021314.
[21] Cirac J I, Zoller P. Quantum computations with cold trapped ions. Physical Review Letters, 1995, 74(20): 4091.
[22] Linke N M, Maslov D, Roetteler M, et al. Experimental comparison of two quantum computing architectures. Proceedings of the National Academy of Sciences, 2017, 114(13): 3305.
[23] Saffman M, Walker T, Mølmer K, et al. Quantum information with Rydberg atoms. Reviews of Modern Physics, 2010, 82(3): 2313-2363.
[24] Jau Y, Hankin A, Keating T, et al. Entangling atomic spins with a rydberg-dressed spin-flip blockade. Nature Physics, 2016, 12(1): 71-74.
[25] 许鹏, 何晓东, 刘敏, 等. 中性原子量子计算研究进展. 物理学报, 2019, 68(3): 30-45.
[26] Vandersypen L, Steffen M, Breyta G, et al. Experimental realization of Shor's quantum factoring algorithm using nuclear magnetic resonance. Nature, 2001, 414(6866): 883-887.

[27] Gordon L, Weber J, Varley J, et al. Quantum computing with defects. MRS Bulletin, 2013, 38 (10): 802-807.
[28] Fu L, Kane C. Superconducting proximity effect and Majorana fermions at the surface of a topological insulator. Physical Review Letters, 2008, 100(9): 096407.
[29] Mourik V, Zuo K, Frolov S, et al. Signatures of Majorana fermions in hybrid superconductor-semiconductor nanowire devices. Science, 2012, 336(6084): 1003-1007.

第 6 章　总结和致谢

本书尝试以比较科普的语言来介绍深奥的常用量子器件及其基础物理知识，打破量子器件神秘的面纱。最初作者们希望以科普的方式来编写本书，不要出现复杂的公式，但在编写过程中发现没有公式完全无法展现物理基础知识和器件原理，最后还是保留了必需的基础公式，使得普通读者还是会感到略微晦涩，如果只是一般了解的话也可以跳过公式，获得概念性的知识，答疑解惑。作者们希望一般读者可以通过本书获得专业正确的量子器件的概念，高校在校学生和研究生可以作为入门读本、进入到量子器件的领域，专业工作者可以通过本书了解量子器件比较全面和系统的知识。

在本书的筹备过程中得到北京大学葛惟昆教授的大力支持并就相关的科学问题进行了深入的讨论，中国工程院余少华院士对编写过程给予指导、全方位的支持并认真审阅了书稿，仔细修改了部分语句，中国工程院姚富强院士对本书提出了非常有建设性的意见和建议。国防科大邵铮铮教授承担了第 1 章的插图工作，南京大学王华兵教授、王学峰教授、苏欣同学参加了第 2 章的编写工作，中科院上海技物所孙艳为第 4 章制作了部分插图，中科院上海光机所孙远研究员、中科院上海微系统所包大强博士、高万鹏、陈俊锋、季波、王一凡同学参加了第 5 章的编写工作，在此表示感谢。

本书作者：封松林　张耀辉　施　毅　杨富华
　　　　　余金中　戴　宁　林志荣　祝素娜

后　记

第一次听说"量子"这个词，是在30年前的大学课程"结构化学"课上，对量子基础的一些浅显的介绍，以我当时的知识水平，对这个词后面所代表的强大能力一无所知，虽然这门课考试过了关，但对"量子"的认识仅局限在它是一个小之又小、玄之又玄、通常不按常理出牌的东西。

毕业后来到中国科学院半导体研究所工作，突然离"量子"变得很近很近，周边的人似乎都与"量子"有些关系：量子阱、量子点、量子线、量子面、量子弛豫、量子纠缠……不管是做纯物理研究的，还是做材料研究或者器件研究的，交流的信息里都离不开"量子"二字，我居然就浸没在了一个"量子态"中。

"旧时王谢堂前燕，飞入寻常百姓家"，随着技术的进步，高深的"量子"逐渐从科研的殿堂进入了人们的生活，根据量子理论研制出的新颖量子器件取得了新的进展，大到航天科技、光纤通信，小到汽车、手机等等，量子器件如雨后春笋般在我们的周边蔓延开来。但"量子器件"究竟是什么样的东西，对于大多数人来说依然是搞不清楚的。

为了更好地普及这方面的知识，中国工程院余少华院士邀请了几位本领域的专家一起编写了这本"量子器件及其物理基础"，作者尽可能用通俗易懂的语言，把从量子器件的物理基础知识到典型的量子器件做一个比较全面的介绍。